U0612234

作者简介

郭建民　男，汉族，1971年12月出生，山西襄汾县人，研究生学历，法学博士。现任山西省人民政府办公厅秘书三处处长。先后在《山西政报》《山西师大学报》《人民论坛》《理论探索》《山西日报》等期刊报纸发表多篇文章，曾参与《WTO与山西》《企业韬略》《山西故事》丛书的编写等工作。

郭建民◎著

从离散到整合

区域精神复合塑造模式研究

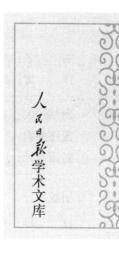

人民日报学术文库

人民日报出版社

图书在版编目（CIP）数据

从离散到整合：区域精神复合塑造模式研究／郭建
民著．—北京：人民日报出版社，2017.8
ISBN 978－7－5115－4849－8

Ⅰ.①从…　Ⅱ.①郭…　Ⅲ.①地方文化—文化事业—
建设—研究—山西　Ⅳ.①G127.25

中国版本图书馆 CIP 数据核字（2017）第 200041 号

书　　　名：从离散到整合：区域精神复合塑造模式研究
作　　　者：郭建民

出 版 人：董　伟
责任编辑：马苏娜
封面设计：中联学林

出版发行：人民日报出版社
社　　　址：北京金台西路 2 号
邮政编码：100733
发行热线：（010）65369509　65369527　65369846　65363528
邮购热线：（010）65369530　65363527
编辑热线：（010）65369522
网　　　址：www. peopledailypress. com
经　　　销：新华书店
印　　　刷：三河市华东印刷有限公司

开　　　本：710mm×1000mm　1/16
字　　　数：157 千字
印　　　张：13
印　　　次：2017 年 9 月第 1 版　　2017 年 9 月第 1 次印刷

书　　　号：ISBN 978－7－5115－4849－8
定　　　价：68.00 元

序　言

关于人类"精神"的界定及其重要性，古今中外的思想家已经有了无数的精辟论述，郭建民把"区域精神"（以山西为例）作为自己博士论文的选题进行研究无疑具有较高的理论和实际意义。近一段时间由里约奥运会而激发了国人再度对"女排精神"的热忱就从一个侧面表明了某种"精神"对现实的作用。毛主席说过人是要有一点精神的，个人如此，群体、社会、民族和国家无不如此。人类主体性的彰显，意味着一个主观世界的形塑，而这个主观世界又会赋予人类生活以价值意义。马克思认为人的所有活动都是在一定的时空场域之中展开的，人类活动不可能脱离具体的客观条件，同时他又高度认可人类主体意识与活动，强调人的主体性地位。正是人的主体意识和活动会使一定的时空具有特殊的人文色彩。时空的巨大差异性与人类主体意识的复杂性，在交相互动之中形成了各具特色的凝结时代风采和地域特色的精神价值导向，成为丰富多彩的世界文明图景中的独特标志。古代希腊的理性追求、古代罗马的法治信守、古代中国的包容胸怀等，既是一种文明特征，又何尝不是一种历史积淀中的区域精神取向？这种区域精神在一定程度上已经成为一种文明的旗帜。

随着人类步入现代社会，一方面竞争日趋激烈，面对有限的资源，各个区域都希望能够成为吸引资源的洼地。除了在硬件设施上的改善，制度上的便捷，塑造一个地区独特的精神价值，更能形成具有内聚性的强大吸引力。伴随着"五月花"号抵达大西洋东海岸，一个有关清教徒艰辛创业、勤勉致富的"美国梦"成为新兴美国的精神图腾。时至今日，全球各地的各色人种依然在怀揣"美国梦"走向那片"新大陆"。现代工商业的繁荣，使区域精神最主要表现为城市精神的发展，商业大都会、金融中心、政治名城等，现代城市在城市功能定位明确的同时，也在努力赋予适应于这种定位的城市精神理念。这种无形的精神理念和有形的城市地标，共同构成了城市的名片。另一方面，现代性也带来了高度的同质化，科学、理性在创造了物质辉煌的同时，也成了一种巨大的规约力量，导致世界精神取向的多彩个性正在逐步丧失。在现代化的潮流中寻求自己的身份属性，成为二战后区域精神塑造的一个重要方面，这也带来了区域精神塑造的一次重大转向，从物质功利层面走向内心的价值依归。但是客观来讲，在精神上确认自我，也可能出现对于自我特征的人为夸大，甚至产生一种精神排外。因而区域精神塑造不能够蜕变为一种简单的精神上的自我确认。

纵观区域精神的发展，明显走过了从自发到自觉、从离散到整合的过程。随着对于区域精神功能的普遍认可，这种自觉也在进一步提升，整合的力度也在逐步加大。注重精神力量的提炼与弘扬，是中国共产党的重要工作方法。因而无论是在战争的烽火硝烟中，还是在建设的和平岁月中，树立典型榜样、弘扬先进精神都是我们党激发人民群众斗志和热情的重要方式。从延安精神、太行精神到大寨精神，这种传统一脉相承。改革开放的伟大实践，使区域精神塑造发生了重大的变化。一是从内容上逐步弱化了政治说教；二是从特征上具有了鲜明的时代特征。更重要的是，改革开放也拉开了国内各区域竞争的帷幕，区域精神的区域性特征得到了最大程度的彰显。从深圳的"拓荒牛"到张家港的"江海明珠"，鲜明的时代和区域特征表现得淋漓尽致。随着社会主义核心价值体系与核心价值观的提出，我国区域精神塑造进入了一个高度自觉的阶段。当前最根本的问题就是要回答，如何使区域精神塑造与社会主义核心价值观培育实现内在一致，真正使区域精神塑造成为社会主义核心价值观在各地的鲜活实践。适应区域精神塑造从离散、自发走向整合、自觉的实践发展，回答区域精神塑造的根本问题，需要对区域精神塑造理论问题进行研究、进行创新，构建科学的区域精神塑造模式，提升区域精神塑造的科学性。历史合力的多元性与精神世界的复杂性，使区域精神塑造，每一步的研究都充满了挑战，但又展现出无穷的魅力。我想，只要不忘"独上高楼，望断天涯路"与"衣带渐宽终不悔"的初心，在"灯火阑珊处"，总会有发现的可能与惊喜。王国维先生对学术境界三层次的概括也从另一方面可以用来概括郭建民研究山西"区域精神"的心路历程，他几年的博士学位攻读过程其实是很"苦"的，尤其是对现实材料的理性思考和总结需要花费大量的时间和理论功力，按思维方法过程讲就是一个从感性具体到抽象，再从抽象到理性具体的过程，应该说郭建民对山西"区域精神"的研究达到了对其比较全面具体研究的高度和深度。人们也常常这样描述参禅悟道的境界：山是山，水是水；山不是山，水不是水；山又是山，水又是水。郭建民对山西"区域精神"的探索可以说达到了一个再次澄明和论证的阶段，如果理论思考能够再深入一些，也许能够得出更有深度的结论。

郭建民同志的这本论著，基于区域精神塑造从离散到整合的发展脉络，以山西为实证研究对象，结合山西在区域精神塑造中所取得的积极成效，深入分析了区域精神的特征、功能及典型塑造模式，梳理了山西省区域精神塑造的发展历程，在对其进行深入反思的基础上，探讨了区域精神塑造的发展趋向。在此基础上，归纳概括了当前区域精神塑造存在的突出问题，并对造成这些问题的原因进行了深入分析，提出了完善区域精神塑造的理性选择应当是复合塑造模式。对于区域精神塑造问题的研究具有开拓性的意义。我想如果能够引入文化学、社会符号学等理论，对区域精神塑造问题的解释可能会更深入一些。研究无止境，不断超越自我，这也是我对他的期许。

陆　俊

2016 年 8 月

（作者系北京科技大学文法学院院长、教授、博士生导师）

目 录
CONTENTS

引　论

　　区域精神塑造是区域竞争从硬实力转向软实力的显著标志，表明了现阶段对于社会主义精神文明建设规律认识的进一步深化。区域精神塑造为践行社会主义核心价值观提供了一种非常重要并且贴合实际的实践形式。"培育和践行社会主义核心价值观是坚持和发展中国特色社会主义的内在要求，是凝聚社会共识、实现团结和谐的根本途径，是树立国家良好形象、提升国家文化软实力的迫切需要。"[①] 区域精神塑造的重要作用越来越受到全社会广泛关注。我国改革开放一个重要的方法，就是注重"摸着石头过河"的基层探索。物质文明建设如此，精神文明建设也是如此。区域精神塑造承载着我们党和国家精神文明建设方面的重要使命。各地塑造区域精神的基本路径包括培育、提炼、弘扬和践行等四个方面。可以说，培育、提炼、弘扬和践行区域精神，也就是区域精神的塑造正在逐步成为区域软实力竞争的重要体现和中国特色社会主义"五位一体"发展的生动形式，在塑造区域精神的过程中，为探索社会主义精神文明建设规律提供了生动的理论和实践借鉴。

---

　　① 本书编写组. 十八大报告辅导读本［M］. 北京：人民出版社，2012：251 - 253.

第一节 研究的背景意义

一、研究背景

近年来，无论是乘车经过不同的地域，还是乘飞机抵达陌生的城市，首先映入眼帘的是公路两旁告示牌上，或者机场大楼上方正而醒目的几个或十几个大字；当夜晚的灯光亮起的时候，这些字眼闪烁的霓虹灯分外醒目；在一些地区性的经贸、文化等活动中，地方领导经常会提到这些字眼；在学校校园中，也常常能听到稚嫩的童音在高喊这些字眼……这些字眼，如文明、和谐、发展、创新等，由于高频出现，不管在何处都让人似曾相识。这就是近年来在各地兴起，并被冠以"运动"之称的区域精神塑造。作为一种文化表达，能够迅速兴起并产生重要的社会影响，至少表明地区发展的目标、地区的价值导向在发生着重要的调整和变化，地区竞争的方式、发展的内在动力等也在悄然发生重要改变。按照美国哈佛大学教授约瑟夫·奈关于"软实力"[①]的解释框架，区域精神是地方发展的软实力，区域精神塑造也正是在锻造区域竞争的软实力。

从世界历史发展进程来看，大国崛起的背后，软实力是一个国家不可或缺的"稳定器"和"推进器"。英国精神、法国精神、德国精神、美国精神与这些国家的现代化发展进程乃至世界历史的发展进程紧密地联系在一起，成为它们影响世界和人类文明进步的重

---

① ［美］约瑟夫·奈. 软实力：权力，从硬实力到软实力 [M]. 马娟娟译. 北京：中信出版社，2013：3-8.

要精神力量。经过改革开放三十多年的实践，今天的中国正在逐渐崛起，我们同样必须重视中国精神的塑造，在与世界文明与文化的交流互动中改变中国，影响世界。

改革开放伟大事业的推进，为我国的社会主义事业发展注入了巨大的活力，使经济社会生活发生了根本性的变化。在执政党和国家的顶层设计上，实现现代化和中华民族伟大复兴中国梦将极大地推进中国特色社会主义伟大事业的发展。伟大的事业需要坚贞不渝的精神。中华民族的伟大复兴更取决于中国精神的国际影响力。精神力量是中国发展的动力和条件，也是中国发展的结果和表征。展望未来发展前景的时候，我们既要继续寻找人民群众身上存在的宝贵精神品质，也要关注国家体制设计和机制安排在精神塑造方面所起的重要作用。

随着改革开放的不断深入，地方和社会的活力以及积极性不断释放。从农村到城市、从沿海到内地，渐进式改革赋予了地方行政主体非常大的自主权和灵活性。党的十七届六中全会以来，为推进社会主义核心价值体系建设，20 个省（自治区、直辖市）参与提炼了区域精神，200 多个城市参与提炼了城市精神。如何更好地发挥精神力量在现代化和中华民族伟大复兴过程中的作用，既需要顶层设计方面的安排，也需要基层实践的探索。区域精神塑造已经成为当下中国地方行政主体探索建设社会主义核心价值体系以及培育和践行社会主义核心价值观的一场重要的精神运动。

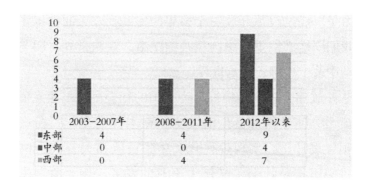

图1　东部、中部和西部地区参与提炼区域精神表述语的
省份（含省、自治区、直辖市）个数比较

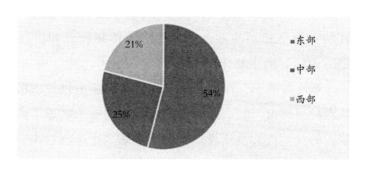

图2　东部、中部和西部地区参与提炼区域精神表述语的
城市（不含直辖市）个数占总数比情况（2000－2013年）

以培育提炼区域精神的主体和广度为标准，改革开放以来的区域精神塑造运动总体上可划分为两个阶段。第一个阶段是从改革开放初期到20世纪90年代末期；第二个阶段是21世纪以来的发展时期。随着区域精神塑造的实践推进，区域精神及其塑造问题逐渐成为学术研究的重要对象。

改革开放前对区域精神的研究基本上是一个意识形态导向问题，是政策层面的问题。理论问题研究关注的重点内容，就是从马克思主义意识形态理论的普适性出发，阐释与说明某一区域精神与主流社会主义意识形态的高度一致性。周恩来在 1964 年 12 月召开的第三届全国人民代表大会一次会议上，在《政府工作报告》中代表党中央、国务院郑重宣布："山西省昔阳县大寨公社大寨大队，是一个依靠人民公社集体力量、自力更生地进行农业建设，发展农业生产的先进典型。"① 周恩来进一步强调："大寨大队所坚持的政治挂帅、思想领先的原则，自力更生、艰苦奋斗的精神，爱国家、爱集体的共产主义风格，都是值得大大提倡的。"② 像"大寨精神"这样产生于特定年代的区域精神，对它的研究基本上是遵循主流意识形态宣传的路径来论证社会主义意识形态的优越性和竞争力在某一区域发挥的重要作用。因此，政治挂帅、思想领先、自力更生、艰苦奋斗、爱国家、爱集体这些体现社会主义精神的价值观，基本上通过官方宣传教育的途径影响整个社会，鲜有高水平的学术研究去厘清它们与区域发展之间的有机联系。至于与社会主义意识形态不一致的现实情况，改革开放前的做法基本上可以从中国特殊的国情和落后的社会生产力出发给出合理性解释。

改革开放从生活和生产领域方面极大地改变了中国人的生存状况，精神面貌也大为改观。中国改革的经验很多，其中有一条是渐进式改革模式。渐进式改革的内在逻辑，包含有各个地方分兵突进实行改革探索的内容。也就是说，让一部分地区在改革方面先行先试的政策，使得区域发展和区域竞争成为整个改革年代的一大特色。因此，经过 20 世纪 80 年代，到了 90 年代以后，对改革开放过程中涌现出来的具有榜样示范作用的地方改革经验进行总结逐渐引起了

---

① 赵根成、王久英. 周总理对大寨精神的概括 [J]. 山西文史资料，1995（5）：52 - 53.

② 赵根成、王久英. 周总理对大寨精神的概括 [J]. 山西文史资料，1995（5）：52 - 53.

学术界的重视。可以说，区域精神的培育提炼已经呼之欲出。为了实现宣传和示范的目的，同时也为了激励其他地区的改革，一些改革的先行或典型地区，先后培育提炼出了"小岗精神""浦东精神""深圳精神""华西精神"和"张家港精神"等各种不同的区域精神。

新世纪以来，区域精神塑造进入到了第二个阶段。新世纪以来的区域精神塑造，一个鲜明的特征就是，它不仅具有第一阶段的宣传和示范功能，而且还上升到了区域之间软实力竞争的高度。区域精神塑造的这一变化可以从两个方面来解释。一是从执政党理论创新的角度看，新世纪以来提出了科学发展观。科学发展观的基本要求就是全面协调可持续。随着新世纪以来中国发展战略的调整，也随着市场化的推进与全球化合作的参与，就地方层面而言，随着经济社会的深刻变革，发展理念也在从过去粗放式发展思维转到科学发展统筹发展思维上来，文化软实力竞争越来越成为区域竞争的重要指标。在此情形下，区际竞争模式正在发生重要变化，内涵也在发生重大的调整，由原来单纯的经济竞争扩展至话语优越性的竞争，因此目前以总结和传播区域精神为核心、强化本地区"软实力"成为新的竞争点。二是从社会主义意识形态发展完善的角度看，社会主义意识形态需要与时俱进、不断创新，区域精神塑造提供了一种具体的实践形式。"摸着石头过河"，需要地方大胆地探索。党的十七大特别是十七届六中全会以来，为推进社会主义核心价值体系建设，一些地方在区域精神建设方面进行了积极而有益的探索，从区域自身实际出发提出了各具特色的区域精神。因此，探索区域精神塑造与社会主义核心价值观的契合点的过程，其实就是在寻找培育社会主义核心价值观和区域精神塑造的实现路径。

二、研究意义

作为涵盖了哲学、经济学、文化学、管理学、历史学、伦理学、社会学、政治学，乃至宗教学内容的区域精神文化，其所倡导和践行的积极观念必然会对当地民众的世界观、人生观、价值观产生潜移默化的深远影响，区域精神塑造必然会对当地经济发展与社会和谐产生积极有效的推动作用。无论是地方发展战略的调整和变化，还是践行社会主义核心价值观的探索与实践，区域精神塑造研究的意义都不可低估。

第一，为助推地方发展战略调整和变化提供精神支撑。在改革实践方面，新世纪以来在科学发展观指导下的改革，其内涵发生了深刻的变化，经济、政治、文化、社会、生态文明"五位一体"的社会主义建设道路越走越宽，区域竞争从过去的经济实力的竞争转到了综合实力特别是软实力方面的竞争上来。长期以来，地方政府的经济行为常常把发展的手段与目的倒置，陷入发展主义的怪圈里不能自拔，导致社会建设缓慢、民生发展不足、生态环境破坏、人文环境发展滞后等严重问题，得之"硬实力"发展，失之"软实力"发展。一个地方竞争的"软实力"如何打造？相比过去"硬实力"的发展，"软实力"打造需要全新的发展理念。区域竞争"软实力"的打造，需要党委、政府、学界、社会等方方面面的参与。区域精神塑造研究的意义也就在于此。

第二，为国家意识形态转型和重构提供基础素材。马克思主义与落后国家实际结合的过程中，一个不容忽视的根本问题是理论与实践的矛盾如何合理化解。列宁关于东方落后国家可以成为打开帝国主义链条的突破口的认识，智慧地化解了马克思主义关于社会主义革命应该首先发生在发达国家的论断；邓小平关于社会主义初级

7

阶段的理论，智慧地回答了先进社会主义制度为什么要借鉴人类文明成果，特别是要向西方发达资本主义国家学习的问题。但是还需要我们在实践中不断去探索，进一步深化对社会主义建设规律和共产党执政规律的认识。按照邓小平的说法，社会主义建设需要几代人、十几代人甚至是几十代人的努力才能建成。那么对社会主义建设规律的把握也就需要好几代人持续接力的探索。改革开放开创了中国特色社会主义。中国特色社会主义伟大事业的不断推进，全面深化改革开放是必然选择。但是，中国特色社会主义如何才能成为我们国家共同奋斗的思想基础，思想、理想、信念这些软实力的东西如何才能伴随改革开放的推进不断强大，区域精神塑造就是这样一个探索，基层的探索，"摸着石头过河"的探索。与过去马克思主义大众化是自上而下宣传教育不同，区域精神塑造采取自下而上和自上而下相结合的精神互动，希冀找到用社会主义价值观凝聚整个社会的方法和途径。这也是区域精神塑造研究的重要意义。

第三，为国家治理体系和治理能力现代化构建提供智力支持。国家治理体系和治理能力现代化，是新一届中央领导集体提出来的一个伟大的战略目标。它与新"四化"一起被学者们称为"五个现代化"。中国自秦朝以来，到新中国成立以前，一直是一个中央高度集权的国家。新中国成立以后，到改革开放前，在国家权力纵向配置上也是贯彻权力向中央集权方向发展的原则。在中央与地方权力配置上，可以说一直以来没有定论。但正如邓小平讲的那样，权力过分集中是我国领导体制的权力配置的"总病根"。所以，从某种程度上，改革就是从分权开始的。但是从改革实践过程来看，权力在地方与中央之间的重新分配，使得地方在利益驱动下做出一些违背中央意愿的事情，导致中央制定的路线、方针、政策在实施过程中打了折扣。如在诸多政策的执行上，"政策出不了中南海"、地方与中央唱反调的情况并不鲜见。如何解开中央权力"一放就活，一活就乱，一乱就收，一收就死"的死结，这是构建国家治理体系和治理能力现代化必须面对的问题。怎么解决这个问题，就是要找中央和地方的最大公约数，即社会主义核心价值观。所以，研究区域精神塑造的实践发展，逐步深化社会主义核心价值观的深入践行，有利于找到中央和地方话语与立场一致性的地方，并通过这个交叉点继续探索中央和地方良性互动的规律。

第二节　文献综述

目前，国内外对区域精神塑造的研究应该说还不是特别成熟，科学全面系统的研究成果也不是很丰富，进一步深入研究的空间还比较大。从中国知网按主题和篇名搜索"区域精神"，仅有 12 篇文章，其中期刊 10 篇、报纸 2 篇。为提高关联性，又从中国知网按主题和篇名分别搜索"地域精神""区域精神"和"地方精神"，共有45 篇文章，其中期刊 35 篇、报纸 10 篇，均无博士硕士论文。从中国知网按主题和篇名搜索"城市精神"，共有 1636 篇文章，本书的研究选取其中 2010－2015 年共 575 篇文章进行整理和分析。此外，本研究还选取全国各省、自治区、直辖市和特别行政区以及省会（首府）所在市和副省级城市中已明确提出区域精神的 55 个区域，对其区域精神的培育、提炼、弘扬和践行的有关论文和资料进行了部分搜集整理，此类文章约有 200 篇。总体上看，报纸的文章大多倾向于对地域、区域、地方精神或城市精神的具体阐述和教育实践活动的新闻通稿，期刊的文章则更多地侧重于理论阐述和对策措施。

区域精神塑造包含着培育、提炼、弘扬和践行等四个方面的内容，本书将目前搜集到的有关文献进行了总结归纳，并对目前的研究进行了综合评价。

一、相关基础理论问题研究

区域精神与区域意识、区域文化、区域价值紧密相关，相互促进，相辅相成。从一定意义上说，区域精神是区域意识的系统性升华，是区域文化的核心内容，是实现区域价值的内生动力。从本质上讲，区域精神是某一区域思想文化的特质、内核和灵魂，是具有广泛认同性的价值观念和价值取向。从现有的文献资料分析来看，主要集中在以下几个方面：

（一）对区域精神基本内涵的相关论述

区域精神是某一区域内建立在传统与现代文化基础之上形成的具有高度认同感，富有区域特色的理论体系、发展理念、行为规范和价值目标的集中体现。赵峥在接受《北方周末报》采访时曾经说过，国外城市大多数没有如中国城市单独提炼精神的传统。他们认为，精神是纯粹的思想层面的概念，大多是不好描述的，不是轻易能够定义的。提炼城市精神是具有中国特色的现象。《自由钟与美国精神》一书中提出，自由钟在全世界范围内都被看作美国独立的象征，同时也代表了全人类对自由的深切向往。自由钟所承载的自由精神其实就是美国取得独立的力量源泉，也是美国在国际社会上各种内政外交政策的要义所在，自由精神从一定意义上说就是美国精神的集中体现。[①] 纽约城市网（http：//www. nyspirit. com）的网站名字就是 New York Spirit，关于纽约精神的研究归纳起来有以下几个

---

① ［美］彼得·里尔巴克. 自由钟与美国精神 ［M］. 黄剑波、高民贵译. 北京：商务印书馆，2005：2－4.

方面：一是高度的融合力，二是卓越的创造力，三是强大的竞争力，四是非凡的应变力。英国学者在对伦敦精神的研究过程中提出，伦敦精神要注重历史与现实的和谐统一、人与自然的和谐统一。《东京学》一书专门研究东京城市精神，书中将东京精神概括为：干练、优雅、合作，而且提出东京精神是日本精神的集大成者。① 新加坡精神的表述语为"国家至上，社会为先；家庭为根，社会为本；关怀扶持，尊重个人；求同存异，协商共识；种族和谐，宗教宽容。"② 夏重伟提出，区域精神是指居住在同一区域的人们，在一系列共同的历史条件，特别是经济社会生活的影响下而形成的心理素质、价值体系和思维方式。区域精神，包含着心理素质、价值体系、思维方式等相互联系、又相互作用的单元，每一个单元又包含许多相互作用的要素。如心理素质中饮食情感、意志、信仰、理想等要素；价值体系中包括习俗风尚、道德规范、审美情趣等子系统；而思维方式则处于最高层次，以理性的内容渗透进各要素之中，形成区域精神心理结构的特点和趋向。③ 孙文营提出，地域精神指的是在践行社会主义核心价值观的过程中凝练成的为本地域民众所认同、遵守的带有地域特色的价值观念、发展理念和行为规范的总和。④ 陈钦柳提出，城市精神是一种深层次的社会意识，是一座城市的历史传统、文化底蕴、发展特征、时代风貌和价值追求的总概括，是一种文明素养和道德理想的综合反映，是一种意志品格与文化特色的精确提炼，是一种生活信念与人生境界的高度升华，是城市市民认同的精

---

① 李建平，谭烈飞，马建农，郗志群. 北京精神与文化［M］. 北京：经济科学出版社，2012：139 – 140.

② 城市精神，城市最基本的价值体系［N］. 哈尔滨日报，2005 – 7 – 5.

③ 夏重伟. 关于区域精神的重要意义和提炼黑河精神的思考［J］. 黑河学刊，1997（1）：88.

④ 孙文营. 如何科学凝练地域精神［J］. 理论探索，2013（2）：44.

神价值与共同追求。① 黄杰提出，地方精神是地方文化最本质、最集中的体现，是一个地方共同的价值取向，是一个地方不同于另一个地方的标志。②

（二）对区域精神特征的相关论述

区域精神作为某一区域的特质性文化标志，具有强烈的历史传承性、现实时代性、未来引领性、异质特殊性、人文关怀性、民族融合性等特征。任吉东提出，树立科学到位的城市精神，必须正确认识城市精神的内在特质，把握城市精神各要素的相互关系与地位，既要重视继承性，也要重视变异性。城市精神就实现状态而言，是已然与应然的统一，亦即现实与理想的统一、历史传统与地域特色的统一、现实发展与未来趋向的统一。③ 程萍提出，要深挖城市精神的"源"与"骨"，把握城市精神的"魂"与"体"，丰满城市精神的"血"与"肉"，提出城市精神要体现历史与现实、内容与形式、物质和精神的结合。在提炼和塑造城市精神的过程中，切不可盲目跟风、追风，必须深挖城市历史、文化中的精华和特征，在传承中华文化和塑造社会主义核心价值体系的大背景下，突出城市的文化个性和价值追求。④ 陈钦柳提出，城市精神的基本特征表现在五个方面：一是城市精神是在城市整个发展过程中逐步形成的，具有历史性和传承性特征；二是城市精神是一种民族精神；三是城市精神是一种时代精神；四是城市精神是一种人文精神；五是城市精神具有

---

① 陈钦柳. 城市精神及其塑造与弘扬 [J]. 理论学习, 2010 (10)：27.

② 黄杰. 弘扬地方精神建设社会主义核心价值体系 [J]. 商业现代化, 2010 (9)：147.

③ 任吉东. 理性思考　综合定位："城市精神"辨析 [J]. 城市, 2012 (2)：72 - 73.

④ 程萍. 城市精神提炼：个性如何彰显 [J]. 人民论坛, 2012 (13)：66 - 67.

张扬城市个性的异质性特征。①

　　（三）对区域精神功能的相关论述

　　目前国内对区域精神功能的研究主要体现在功能、作用和价值三个方面，可以说各有侧重，也各有所长。赵绍敏提出，重视地域精神建设，是推进地域物质建设的成功保证，是提升地域人文素质的首要前提，是实现地域改革、稳定、发展的基本条件。由于地域精神所处的社会文化、价值取向、心理塑造中的特殊地位，决定了其自身对于国家、民族、大众的重大而长期的作用和影响。没有精神层面的建设，无论是一个国家，还是一个地区，抑或是一个城市，都将失去精魂与动力。地域精神对一个地区起着灵魂支柱作用、旗帜引领作用、动力源泉作用。正是在这个意义上，地域精神的建设将深刻影响甚至在一定程度上决定着一个地区的现实与未来。② 夏重伟提出，弘扬区域精神，能焕发出强大的内驱力，能产生巨大的凝聚力，继承和发扬区域精神，可以增强人们的约束力。③ 吴潜涛、张新桥提出，城市精神的动力功能集中体现在对城市的发展方向、市民精神面貌的塑造，以及市民的价值判断和行为选择的引领与导向；对激发市民的积极性、主动性、创造性，促使他们产生强烈的责任感、荣誉感、自豪感和使命感的凝聚和激励；通过辐射与传导把城市生活方式、文明礼仪传播到农村偏远地区，成为一个国家走向现代化的重要精神支撑。从时代价值方面分析，弘扬和培育城市精神是提升国家文化软实力、推动社会主义文化发展繁荣的客观需要；是加快转变经济发展方式、促进城市社会和谐发展的现实要求；有

---

① 陈钦柳."城市精神"五大特征［N］.北京日报，2011－9－26.
② 赵绍敏.地域精神的本质、特征和塑造［N］.云南日报，2012－6－18.
③ 夏重伟.关于区域精神的重要意义和提炼黑河精神的思考［J］.黑河学刊，1997（1）：88－89.

助于在城市的各个不同利益主体之间培植共同的价值认同和精神追求，从而在他们中间架起情感沟通和精神交流的桥梁和纽带，使市民的思想观念、价值取向、思维方式、行为选择和情感表达符合城市发展繁荣和市民共同幸福的长远目标，最终促进城市社会的和谐发展。①吴艳玲、陈钦柳等也在论文中提出，城市精神的作用包括凝聚、激励、引领作用、吸引和辐射作用等，城市精神的基本功能可以归纳为动力功能、导向功能、凝聚功能、融合功能、约束功能等五类。

二、相关实践问题研究

为了更周密翔实地对区域精神进行研究，本书的研究选取一个对区域精神表述内容的研究范围，包括全国 34 个省、自治区、直辖市和特别行政区以及省市区的省会（首府）所在市和全国 15 个副省级城市，因有重复或其他原因，共有 67 个区域进入研究范围内（见附录 A）。经过初步研究和分析，所选定的 67 个区域中，已有 55 个明确提出区域精神，6 个正在征集中，6 个还没有提出。此外，山西省和 11 个设区的市共有 12 个区域，其中有 9 个区域已经明确提出了自己的区域精神，2 个区域正在广泛征集过程中，1 个区域还没有提出（见附录 B），也作为本书的重点研究对象。在这些区域精神塑造实践过程中，主要集中于以下问题研究：

（一）有关区域精神表述内容的相关研究和论述

作为具有鲜明地域特征的区域精神，各地在表述语方面也不尽相同。北京精神的表述语为"爱国、创新、包容、厚德"，广西精神的表述语为"团结和谐、爱国奉献、开放包容、创新争先"，山西精神的表述语为"信义、坚韧、创新、图强"，南京精神的表述语为

---

① 吴潜涛、张新桥. 城市精神的内涵、时代价值及其弘扬和培育［J］. 北京教育（德育），2012（5）：15－16.

"开明开放、诚朴诚信、博爱博雅、创业创新"。在对研究范围内的区域精神进行分析时发现，具有宏观指导性的文字或词语出现的频率最高，出现频率最高的词语是和谐，共21次，接下来依次是诚信（15次）、开放（14次）、创新（14次）、包容（11次），出现5次以上的词语还有务实、爱国、团结、卓越等（见附录A）。从山西省范围内来看，9个已经明确区域精神的区域中，出现频率最高的词语依次是：包容（5次）、开放（3次）、创新（3次）（见附录B），这也是区域精神塑造研究中值得关注的现象。

　　李建平、谭烈飞等对北京精神进行了具体阐释。北京精神是首都人民长期发展建设实践过程中所形成的精神财富的概括和总结，体现了社会主义核心价值体系的要求，体现了首都历史文化的特征，体现了首都群众的精神文化追求。北京精神的核心是爱国，也就是要爱祖国、爱人民、爱中国共产党、爱社会主义，以爱国主义旗帜的高扬，把爱国精神转化为推动科学发展的动力。北京精神的精髓是创新。无论是北京城市建设发展史，还是文化和科技发展史，无不体现着观念创新、体制机制创新、实践创新和文化创新的烙印，创新就是要承载国家发展昌盛的使命，体现以人为本的价值取向，顺应科学发展的规律，实现创新发展的终极目标。包容作为北京精神的特征，体现出特有的文化融合力和亲和力，造就了海纳百川的宽阔胸襟和人文关怀，在这个特定的地域中，成为北京城市发展和文化形成的重要基础和主动力，也成为北京民众共同拥有的深厚情怀。北京的品质是厚德，意为推崇、崇尚美好的品德与操守，作为北京品质，体现在崇善尚美、尚礼厚道、顺应规律、包容和谐等方面，成为精神文明建设的红线。①

----

① 李建平、谭烈飞、马建农、郗志群. 北京精神与文化［M］. 北京：经济科学出版社，2012：111 - 113.

　　山西精神的表述语为"信义、坚韧、创新、图强"，山西省委宣传部的负责同志在表述语发布会上指出，这八个字高度概括了山西人民传承古今的核心精神："信义"铸就三晋之魂，以关公文化、晋商精神为代表的崇信尚义是"山西精神"的鲜明特征；"坚韧"体现三晋之风，以太行精神、右玉精神为代表的山西人民坚强韧劲是"山西精神"的重要品格；"创新"彰显三晋之要，从"胡服骑射"到转型跨越发展都体现了山西人民发展进步的精神特质，是"山西精神"的不竭动力；"图强"昭示三晋之愿，是"山西精神"的永恒目标。①

　　浙江精神表述语中的"求真"就是追求真理、遵循规律、崇尚科学。也就是求理论之"真"，坚持不懈地用发展着的马克思主义最新成果武装头脑、指导实践，创造性地开展工作。"务实"就是要尊重实际、注重实干、讲求实效。也就是要始终坚持从世情、国情、省情出发，从我们面临的形势任务的实际出发，从全省人民的愿望要求的实际出发。"诚信"就是重规则、守契约、讲信用、言必信、行必果。也就是要把诚信作为现代社会文明之基，不仅要弘扬传统的"诚信"美德，更要大力推进以个人为基础、企业为重点、政府为关键的现代"信用"建设。"和谐"就是民主法治、公平正义、诚信友爱、充满活力、安定有序、人与自然和谐相处。也就是要有和美与共的情怀，努力实现人与自然的和谐相处，进一步树立生态意识，深刻认识自然是人类生存的空间，是人类创造生活的舞台。自觉地关爱自然，保护自然，构建人与自然和谐相伴的生态文明。"开放"就是全球意识、世界胸襟，就是海纳百川、兼容并蓄，以我为主，为我所用。也就是要进一步树立开放理念和兼容胸怀，进一

---

① 王秀娟. 追问山西风骨之所在——"山西精神"表述语诞生记 [N]. 山西日报，2013 - 1 - 21.

步增强全球眼光和战略意识，在高度的自省中虚心汲取全人类创造的一切文明成果，使我们的思想观念、生活习惯、行为方式和精神素质不断适应开放的世界和全球化竞争的需要，具备积极参与全球化合作与竞争的勇气和胆略。"图强"就是勇于拼搏、奔竞不息，就是奋发进取、走在前列。也就是要始终保持昂扬向上、奋发有为的精神状态，认清目标不动摇，抓住机遇不放松，坚持发展不停步，把浙江的各项事业做好、做强，创造出不辜负时代、不辜负人民的一流业绩。①

（二）有关区域精神培育、提炼方式方法的相关研究和论述

通过对 55 个明确提出区域精神的省市区和山西省已经明确提出区域精神的 9 个区域提炼、培育方式方法和过程进行初步的梳理和研究，发现各地也是有所不同，从产生时间上看有的历时七八年，有的就出现在一夜之间，更有甚者是领导人的一句话突然就变成了本地的区域精神；从提炼过程看，有的经历了专家论证、群众参与、社会公示等环节，有的则是领导干部的一时动议；从提炼主体看，有的是宣传部门，有的是外宣部门，还有的是政协机关。可以说存在着区域不同、主体不同，产生方式和过程也不同的倾向，这也是本书对区域精神塑造研究的一个重要方面。

龚超、柏萍、周仲高指出，"广东精神"的征集和提炼过程既体现了顶层设计的要求，又体现了广大人民群众的愿望，集中体现了领导者、专家和广大人民群众的智慧。② 新时期"广东精神"的提炼经过了群众讨论、专家论证、领导决策的程序，广东省委宣传部从 2010 年 10 月初到 2012 年 10 月底在全省范围内组织开展了五轮新时期"广东精神"的征集讨论活动，省内外先后有 150 万人次参与

---

① 习近平. 与时俱进的浙江精神［N］. 浙江日报，2006－2－5.
② 龚超，柏萍，周仲高. 广东精神读本［M］. 广州：广东人民出版社，2012：5.

了各种形式的讨论活动。讨论的时间之长、规模之大、范围之广前所未有。在前四轮征集讨论活动中，征集到贯通古今、融会中外的表述语1100多条，经过专家评审和群众讨论，省委宣传部提出四组候选方案面向公众征集评选，经过再次集中研究提炼后，提出三组候选方案并报省委常委会讨论，也就是在这次讨论会上，省委决定弃用宣传部首选的"先天下、纳百川、重实干"，而采用了"厚于德、诚于信、敏于行"，这一方面体现了广东人低调不张扬的特点，也体现出整个提炼过程的客观性和决策阶段的主观性。

　　2010年3月，北京市委、市政府决定开展北京精神提炼培育工作，第一是面向群众征集表述语，300多万民众参与了投票活动。第二是专家研讨，自2010年5月以来，中科院、清华、北大、中国人民大学等20余所高校、科研院所的哲学、历史、文学、城市建设管理等领域的知名专家学者受邀，参加了本市的7次研讨会，提出了30多种北京精神初步表述语。第三是征求意见，北京精神提炼培育工作领导小组办公室又通过会议和书面形式反复征求各区县、各系统意见，进一步丰富了表述语内容，之后又组织专家学者对候选表述语进行认真梳理、推敲、修改，最后才确定5条候选表述语。第四是投票评选，2011年9月16日起至9月25日，市民登录网络投票系统和参与报刊选票邮寄约293万人次。结果显示，选择"爱国、创新、包容、厚德"的达175万多人，占到了近六成。第五是征询意见，2011年9月29日市委宣传部召开征询意见会，向市人大代表、政协委员征询意见，通报了北京精神前期总结提炼和社会广泛征求意见的情况，并广泛听取意见。第六是最终发布，2011年11月2日，8位北京市民代表在《北京欢迎你》的激昂旋律中，共同推动拉杆式启动台，发布了北京精神"爱国、创新、包容、厚德"的表述语。山西省社会科学院院长李中元在对山西精神提炼过程的总结中，提出经历了"社会征集、专家初评、群众投票、征求意见、完善提炼和党委研究"六个过程。

专家学者对区域精神的提炼、培育方式方法和过程的研究不是很多，但对如何培育和凝练，以及应当坚持哪些基本原则有一些独到的论述。孙文营提出，凝练地域精神对于社会主义核心价值观建设以及地域经济社会发展具有重要意义，科学凝练地域精神，应该尽可能体现社会主义的价值取向，紧密联系地域经济发展实际并努力实现对现实的超越，得到本地域多元主体和其他地域民众的广泛认同，体现地域特色并处理好与其他地域精神的关系。① 朱训义提出，提炼城市精神要注重传承性，不能割断历史；要注重根本性，不能浮于表面；要注重群众性，不能闭门造车；要注重特质性，不能千城一面。② 赵绍敏提出，提炼地域精神，关键在于依据自己的历史传统和现实需求，认真加以整理和集中，以形成各具特色的地域精神。③ 夏重伟提出，为了更准确、更全面、更贴切地反映黑河的实际，应把概括黑河精神词作为加强精神文明建设的一项重要内容，纳入全市精神文明建设的总体规划，并成立"黑河精神"词征集领导小组和办公室。发动全市人民上下结合，反复讨论，最后通过一定程序或一定的形式予以确认。一是发动群众、集思广益，把征集黑河精神词的过程作为全市人民自我教育的过程；二是上下结合、干群结合，提炼概括黑河精神词；三是集中概括、提炼升华，形成符合黑河实际的黑河精神词；四是广泛宣传、深入教育，使黑河精神成为全市人民共同的思想意识和行为规范。④ 孙鹤提出，城市精神

① 孙文营. 如何科学凝练地域精神［J］. 理论探索，2013（2）：44-47.
② 朱训义. 如何提炼城市精神［J］. 时事报告，2012（2）：82-83.
③ 赵绍敏. 地域精神的本质、特征和塑造［N］. 云南日报，2012-6-18.
④ 夏重伟. 关于区域精神的重要意义和提炼黑河精神的思考［J］. 黑河学刊，1997（1）：88-91.

培育是一个科学过程，其中既包含对城市外环境与城市关系的认知，又包括对城市与历史、城市与现实、城市与境界及城市与市民关系的认知。认知的目的是通过建立科学的文化制度，规范人们的行为和意志，统一市民的奋斗理念，提升城市活力，最终将这种活力凝化于市民的奋斗意志和生活情趣中。要以马克思主义指导思想为灵魂，培育城市共同愿望；以中国特色社会主义共同理想为主题，培育城市共同美；以民族精神和时代精神为精髓，培育城市共同的善；以科学发展观为指引，培育城市世界情怀。① 程树明，张晓红提出，城市精神的提炼应当坚持历史性、时代性与前瞻性相结合的原则，民族精神与地域特色相结合的原则，民众讨论、专家研究与组织决定相结合的原则，内涵丰富与语言精美相结合的原则，稳定性与动态性相结合的原则。② 此外，吴艳玲、陈钦柳、池慧灵等也在论文中提出全体公民共同参与、抓住重要战略机遇期、注重本土化和以人为本原则、强调化育城市精神和把握市民行为与市民精神的关系等观点。还有专家学者提出要培育和倡导地方共同价值观，这些都对如何培育和提炼区域精神具有很强的指导意义。

（三）区域精神弘扬和践行的相关论述

任何一种区域精神都承载着一个区域内的文化形态和价值取向，并且体现着不同的表述方式。区域精神的弘扬和践行，实际上也是核心价值观弘扬和践行的过程。因此，弘扬和践行区域精神是培育和提炼区域精神的终极目标，只有深层次、广领域、宽范围、持久性地弘扬和践行区域精神，才能发挥好区域精神的功能和作用，从

① 孙鹤. 文化视域中的城市精神问题研究 [J]. 辽东学院学报（社会科学版），2011（2）：154 - 156.
② 程树明、张晓红. 城市精神的作用和提炼 [J]. 江苏技术师范学院学报，2013（6）：47 - 48.

而实现区域精神的最终目的和实践效能。

　　胡德池、周亚明提出，弘扬湖南精神，主要做好五个方面的工作：一是依托省市主要媒体对湖南精神进行宣传解释和正面引导；二是出版面向大众的通俗读物；三是利用电子显示屏、户外广告牌、宣传橱窗等形式开展适度的社会宣传；四是适时推介践行湖南精神的先进典型；五是组织开展形式多样的主题教育实践活动，让湖南精神逐步深入人心。① 元文礼提出，要充分发挥新闻媒体和舆论渠道的作用，充分发挥城市管理者的作用，充分发挥活动与典型的作用，完善城市政策制度，加快城市法治化的步伐，积极推动社会各阶层力量的参与，大力加强城市公民意识的培养，强调公众参与，突出城市精神的实践性，注重城市文化建设，加强城市形象建设等。② 尹天五提出，要以高度的自觉、科学的理念、系统的思维、坚定的立场弘扬和践行山西精神，并提出要及时发现人民群众中弘扬和践行山西精神的先进典型，并给以科学总结、广泛推广，要针对不同区域、不同群体、不同对象，创新途径、创新方法、创新手段，形式多样地宣传普及山西精神，逐步形成攻坚克难、科学发展的强大正能量。③ 黄杰提出，弘扬地方精神，要立足于如何以更开放的姿态去迎接挑战，加快当地经济发展；要站在当今历史的角度去思考问题；要以更宽容的态度进行改革，有所创新；要实事求是，解放思想；要以地方经济社会和谐发展为目标，建设社会主义核心价值体系。④

　① 胡德池，周亚明. 弘扬"湖南精神"筑牢强省之魂 [J]. 新湘评论，2013（2）：8 - 10.
　② 元文礼. 扩大城市精神效应的 10 条建议 [J]. 重庆社会科学，2012（10）：113 - 115.
　③ 尹天五. 站在全局战略高度弘扬践行山西精神 [N]. 山西日报，2013 - 2 - 26.
　④ 黄杰. 弘扬地方精神建设社会主义核心价值体系 [J]. 商业现代化，2010（9）：147 - 148.

丁根林提出，一要榜样示范引领，增强"当代浙江人共同价值观"弘扬和践行的公信力；二要注重家庭教育，拓展"当代浙江人共同价值观"弘扬和践行的辐射面；三要创新文化代码，塑造"当代浙江人共同价值观"弘扬和践行的亲和力；四要挖掘民俗底蕴，彰显"当代浙江人共同价值观"弘扬和践行的民族性。① 此外，谌贻琴、娄海波、王海滨等也提出在弘扬和践行区域精神中要发挥领导干部表率作用、新闻文艺工作者以身作则、广泛开展主题实践活动、借助民族传统习俗活动、开展和谐共建、培育健康文明生活方式等对策建议，在实践中也具有一定的参考价值。

三、对目前研究的综合评析

新中国成立以后，在社会主义改造和建设时期，专家学者就开始了对区域精神的研究，起初主要是侧重对某一特定具有重大历史影响的区域精神的提炼和总结。改革开放以后，随着研究领域的不断拓展，不断有新的专家学者提出新的理论观点，从侧重对某一区域精神的内容研究逐步发展到对表述内容和提炼过程的共同研究，但对提炼过程和应当坚持的原则等研究也是最近几年才开始的，因为涉及从现象研究转向深层结构研究，目前理论成果不是特别丰富。在对文献的研究中也有一些涉及了如何弘扬和践行区域精神的基本方法和基本理念的研究，目前也还比较少。可以说随着社会的不断发展和进步，对区域精神的表述内容、提炼过程和原则、弘扬和践行的基本路径的研究也将会不断丰富和发展。按照党的十八大提出的五位一体的战略发展布局，社会主义文化建设将进入新的发展时期，作为文化建设重要组成部分的区域精神塑造研究也将会进入一

---

① 丁根林. 略论当代浙江人共同价值观弘扬践行的实效路径——基于儒家伦理普及教化历史经验的视角 [J]. 观察与思考，2013（1）：77 – 78.

个崭新的发展阶段。

当前关于区域精神塑造的研究在理论视角、研究深度和针对性方面主要存在以下问题:

第一,在研究视角和领域方面有待于进一步拓展。目前基础理论研究较为薄弱,并没有形成完整系统的理论,对区域精神的机理和内涵进行系统研究的著作不多,系统性地论述区域精神的专著基本上没有。应当进一步从经济学、文化学、政治学、社会学等关联性研究方面进一步拓宽视角和领域。

第二,在研究深度方面应当进一步挖掘。目前的研究存在时政性、离散性和碎片化倾向,学理性和抽象性研究不够,特别是总结提炼区域精神科学方法的深层次研究成果不多。应当按照社会主义核心价值体系和价值观的要求,总结提炼区域精神塑造的深层次研究成果,为发展社会主义先进文化提供更有力的价值和目标支撑。

第三,在研究的针对性和实用性上要进一步加强。区域精神塑造的研究既是一个理论问题,也是一个实践问题。只有把区域精神塑造的理论研究与社会主义核心价值观的倡导与践行有机结合起来,努力推动当地经济社会发展,才能更好发挥区域精神服务现实、服务发展的强大力量。

基于上述问题,本书的研究在借鉴既有研究成果的基础上,以"区域精神复合塑造模式"为核心主题,以山西省区域精神塑造为具体实例,系统考察区域精神塑造的兴起、演变、特点及其现存问题,为中国特色社会主义理论体系发展提供生动的思想素材,为丰富中国改革的话语体系注入新的理论活力,也为中国寻求解决改革深层次问题增加实践理性。

第三节　研究理论基础和方法

一、研究理论基础

区域精神涉及哲学、经济学、文化学、管理学、历史学、伦理学、社会学、政治学，甚至是宗教学的内容，彼此交叉渗透，使得对区域精神塑造的研究更富于理论性和现实性，研究的深度和广度也会进一步拓宽。本研究所涉及的主要基础理论包括以下三个方面：

（一）马克思主义意识形态理论

马克思主义意识形态理论是马克思主义唯物史观在意识形态领域中的具体运用，无产阶级革命领袖根据时代特征和发展实际进一步进行了深化、丰富和创新，是我们当今做好主流意识形态工作的理论基础。

马克思主义意识形态理论是区域精神塑造实践过程中，在培育、提炼、弘扬和践行等各个环节的基本遵循。具体而言，运用马克思主义意识形态理论对区域精神塑造问题进行研究，主要是明确四个方面：第一，马克思主义认为社会意识是人们物质生产活动的直接产物，意识形态起源于物质生产过程中，它是生产力与生产关系矛盾运动的反映。所以任何区域精神都是形成于一定区域内人们长期的生产实践，是区域人们在实践中所倡导的价值文化的概括和表达。区域精神塑造来源于社会生产实践，不能凭空想象。第二，意识形态在阶级社会中具有阶级性，集中体现一定阶级的利益和要求。正如马克思所指出的："统治阶级的思想在每一时代都是占统治地位的思想。这就是说，一个阶级是社会上占统治地位的物质力量，同时也是社会上占统治地位的精神力量。支配着物质生产资料的阶级，同时也支配着精神生产资料，因此，那些没有精神生产资料的人的思想，一般地是隶属于这个阶级的。"① 所以作为意识形态具体化的区域精神，必然是一个社会中主体阶级群体的价值表达，更重要的是，区域精神塑造必然要与国家意识形态发生密切关联，形成复杂的互动关系。第三，意识形态具有相对独立性。社会存在决定社会意识，但社会意识具有相对独立性。社会意识的相对独立性，表现为它具有影响社会存在的反作用。因此当代区域精神塑造，对于一个区域的经济、社会和文化等各方面的发展，会产生极为重要的影响。第四，马克思提出，要自觉地对工人阶级进行社会主义意识形态教育。用马克思主义的立场、观点和方法去宣传群众、教育群众、武装群众，形成自觉的政治意识，使人民群众懂得社会发展规律，认清自己的地位、作用和历史使命。区域精神作为社会意识形态的具体化表现，需要积极进行宣传教育，内化为人们的自觉价值取向和行为导向。

（二）区域发展理论

区域发展理论兴起和发展于西方国家。西方国家在现代化发展过程中曾出现过类似工业区、农业区、中心区等不同区域发展的理论和实践。第二次世界大战以后，区域发展理论和实践进一步得到发展，形成了历史经验学派、乡村学派等各种区域发展流派，他们都致力于对区域发展理论和实践的探索。自 20 世纪 80 年代以来，众多主流经济学家开始涉足区域经济研究领域，形成了独特的主流经济学派区域发展理论。当代区域发展理论更加注重区域经济社会的均衡化发展问题。改革开放以来地方自主权的扩大以及不同发展区域的形成，使得区域发展问题愈加明显。由于长期以来单一的

---

① 马克思恩格斯选集（第 1 卷）[M]. 北京：人民出版社，1995：98.

GDP 发展导向，使区域发展呈现出单一的发展趋向。随着对于这一导向的逐步调整，如何实现区域的整体发展问题日渐突出。"体现历史底蕴，展现区域特色"逐渐成为区域发展的基本共识。本研究运用现代区域发展理论，对于区域精神塑造在构建良好区域形象、提升区域综合发展实力、促进地方治理创新等方面的问题进行了分析探讨。

（三）文化"软实力"理论

现代国际理论认为，国家综合实力的构成包括两个方面：既包括经济、军事等领域中的硬实力，也包括精神文化、体制机制等软实力。在软实力构成中，文化是核心。文化作为国家财富积聚的重要形态和重要能力的被发现，是文化软实力成为当今世界各国竞争焦点的原因。当今国家综合实力构成中，文化软实力已经成为国家财富的重要体现，是国家实力不可或缺的重要组成部分。提升国家综合实力必须注重文化软实力的培育提升，已经成为全世界的普遍共识，文化软实力引起了世界的普遍重视。这种重视推动了全球文化产业的发展，不同的民族和国家在融合于世界体系中参与经济全球化，这不仅使文化得到了发展，而且也使国家的财富增加，使国家的综合国力得到增强。因此，把握文化的传承性、导向性和学习性特质和功能，大力解放和发展文化软实力对于营造良好氛围、改善投资环境、促进经济发展都具有积极的作用。本研究运用文化软实力理论，从文化软实力的层次分析区域精神塑造的根本意义所在，提出文化软实力的特定区域化表达就体现为区域精神，在此意义上，区域精神在本质上构成了区域文化软实力的核心与灵魂。因此区域精神塑造在一定程度上就是为区域文化发展铸魂、张目。

二、研究思路

区域精神塑造是一个复杂的过程。塑造主体、塑造内容、塑造模式等呈现出一幅多姿多彩的综合图景。区域精神复合塑造模式研究，有利于系统地揭示这一复杂过程的本质特征和规律。基于区域精神复合塑造理论，提出区域整合、多元融合、差异并存、效益共享、系统运行等不同的复合塑造模式，将其应用于区域精神塑造的实践中去，为践行社会主义核心价值观以及地方治理创新提供理论依据。关于本书的研究思路和逻辑结构，除去引论和结语之外，可分为四个部分。

第一部分论述区域精神的特征、功能与典型塑造模式。分为三小节。第一节介绍区域精神的特征。区域精神基本特征方面体现为三个方面的统一：时代发展动态性与内涵相对稳定性的统一；内容多元性与表述凝练性的统一；文化传统继承性与区域特点鲜明性的统一。第二节介绍区域精神的功能。即社会整合功能、精神导向功能、经济促进功能、政治服务功能等。第三节介绍区域精神塑造实践中形成的典型模式。区域精神塑造受到多方面因素的影响。从区域精神塑造的实践分析，更多地是突出某一方面的主导，依据主导因素不同，实践中形成了四种比较典型的塑造模式：地域特点主导型、经济发展主导型、意识形态主导型和文化传统主导型。区域精神塑造是一个全新的工作实践，并没有系统的理论支持，这也导致区域精神塑造实践带有很明显的运动化特色，产生了一些比较突出的问题。总结区域精神塑造实践中的典型模式，并对其进行反思，是保证区域精神塑造健康发展的基本前提。

第二部分论述山西省区域精神塑造的实践探索。分为四小节。第一节主要介绍山西区域精神塑造的历史发展。山西在华夏文明的历史上起过非常重要的作用，近代以来又在革命、建设、改革各个历史时期涌现出许多具有山西地域特色的区域精神。第二节介绍新时期山西区域精神塑造的特点。区域精神的塑造在山西省尽管不具有科学完备性，但从区域精神的培育、提炼、弘扬和践行等方面分析，仍然在一定程度上具有代表性和示范性。总的来说，山西区域精神塑造具有深刻性、分明性、多样性、鲜明性、深厚性等五个特点。第三节介绍区域精神塑造的实践成效。主要体现在五个方面，即促进了经济发展方式转变，改进了地方政治文明建设，推动了社会主义先进文化繁荣，推进了社会主义和谐社会构建，改善了生态文明建设状况。第四节介绍山西区域精神塑造实践的发展趋向。分析山西在新时期区域精神塑造的实践，可以看到几个明显的发展趋向，在一定程度上反映了区域精神塑造的客观规律。一是从塑造内涵上看，从单一偏重到多元包容的发展趋向。二是从塑造主体上看，从党政主导到社会参与的发展趋向。三是功能作用上看，从意识形态灌输到构建社会共识的发展趋向。四是从态度行为上看，从零星自发到主动自觉的发展趋向。五是从塑造方式上看，从传统继承到创造转化的发展趋向。

第三部分论述区域精神塑造存在的主要问题及原因分析。分为两小节。第一节介绍区域精神塑造中存在的主要问题。一是塑造目标同质化的问题。有的地方不了解塑造区域精神的意义到底何在，目标不明确，导致在塑造和培育区域精神时，不切实际、盲目跟风、一哄而上，提炼出来的区域精神缺乏新意，给公众一个"提与不提一个样"的感觉，有的甚至成为公众调侃的对象。二是塑造内容空洞化的问题。主要表现是脱离当地发展实际情况，割裂区域历史传统，不能充分反映当地的人文和精神风貌。三是塑造方式简单划一。把提炼区域精神作为文字的排列组成，大做文字游戏，重形式、重过场，缺乏人民群众参与，成为领导意志主导的产物。由于人民群众的创造精神没有得到充分尊重，概括提炼出来的区域精神自然也不可能得到当地群众的认同。第二节介绍区域精神塑造存在问题的主要成因。一是科学化与民主化不足。作为与物质对立的精神，有其生产与发展的规律。区域精神塑造要遵循精神产生与发展的规律，从客观实际出发，而不是从主观意志出发。但是区域精神塑造中"关门模式"依然存在，不是事先进行充分的宣传发动，调动全社会参与和积极配合，而是直接由地方党委自行提出正式的精神表述语。另外，要发挥人民群众在区域精神塑造过程中的作用，而且主要的就是要从群众生活与生产实践中提炼区域精神。二是顶层设计还有待完善。区域精神塑造在多大程度上可以为国家治理体系和治理能力现代化提供理论支持和实践素材，顶层设计方面还有待进一步完善。三是区域整合不够通畅。当前，我国正处于全面深化改革的关键时期，任何一个区域发展都会受到国内外、区域内外的影响，加之我国区域发展严重不平衡，各种利益的博弈、发展的较量及部门本位的冲突等问题还没有更好的解决办法。

第四部分论述区域精神塑造的理性选择：复合塑造模式。分为四小节。第一节介绍国内外塑造区域精神的实践与启示。任何一个区域精神都是在长期历史和现实中形成，集中体现区域成员价值追求和行为取向。如何塑造区域精神，每一个区域都有自己独特的方法和路径，都有可参考借鉴的成功经验。第二节介绍区域精神复合塑造模式的基本内涵。区域精神塑造的复合化内在地体现了马克思主义的实践理论。深刻把握实践理论，坚持实践观点，实现区域精神的复合塑造，是体现历史唯物主义精神的理性选择。区域精神的复合塑造模式，集中体现在内容取向的复合、塑造过程的复合、影响因素的复合、根本价值功能的复合以及塑造主体的复合。第三节介绍区域精神复合塑造模式的基本价值取向和原则。基本价值取向包括开放包容、艰苦奋斗、团结和谐、诚信务实、以人为本和创新创造。基本原则主要包括塑造主体多元化的原则、塑造目标多样化的原则和塑造机制系统化的原则。第四节介绍构建区域精神复合塑造模式的具体措施。主要包括整合文化资源、整合区域精神塑造机制以及区域精神复合塑造中的差异并存化选择等。

三、研究方法

本研究在收集整理大量资料的基础上，拟将历史研究与现实分析、理论研究与实践探索相结合，将问题层层剥离，抽离规律，融合历史、现实、未来以及文化、政治等因素的高度总和，并综合应用哲学、经济学、文化学、政治学、社会学等多学科的理论与方法，点线面结合，理论与实践相结合。综合多种研究方法不仅可以增强研究的科学性，而且可以加强结论的可靠性和说服力。本书从大量第一手资料以及实地调查研究出发，坚持马克思主义历史唯物主义的根本原则、立场，具体运用以下三种研究方法：

第一，文献研究法。虽然区域精神塑造研究是 21 世纪以来才出现的一个现象，但已经公开出版了大量的研究成果。本书的研究通过收集、整理、解读和分析公开出版的相关资料、学术著作、会议记录以及网络上的信息，对区域精神塑造研究的历史和现状进行分析研究，以期形成对区域精神塑造研究一般的整体印象。

第二，实证研究法。坚持从一般到个别、从普遍到特殊的方法。在对区域精神塑造研究整体分析了解的基础上，通过调查、访谈、座谈等方式，从实证的角度出发，对山西省、市、县三级区域精神塑造进行具体的分析研究，得出自己的研究论断，然后再从个别上升到一般。

第三，比较研究法。本书对山西省区域精神塑造的研究，以省、市、县为对象分为三个不同的层阶。所以，就一省之内来讲，从纵向的角度对比不同地方主体在塑造区域精神过程中的不同方法和作用。另外，从横向的角度看，山西一省之内不同层级的地方主体与东部、西部、中部同级别的地方主体在塑造区域精神过程中有什么不同之处和共同点，都需要运用比较的研究方法。

第一章

区域精神的特征、功能和典型塑造模式

　　区域精神对于一个地区的发展而言，能够促进三个方面最重要的社会意识的形成，即共同的理想信念、强大的精神力量和基本的道德规范。这就使区域的发展更加彰显灵魂、魅力和品质。越是思想文化纷繁复杂、思想观念多种多样，就越需要我们用主流指导思想整合和引领社会思潮，以最大公约数体现人们的集体意志，巩固人们的共同理想信念。中国当代社会发展过程中思想多元化特征的日益鲜明，更加需要在尊重差异中扩大社会认同，在包容多样中增进思想共识。区域精神塑造对于社会意识的主动自觉塑造，有利于社会认同与共识的形成，体现出的是一种文化的自觉态度。"从多样的社会思潮的相互激荡中汲取养分，在差异的个性思想的相互交流中提炼升华，才能在理论上和实践上体现出区域范围内的文化觉醒与文化自觉。"①

----

① 刘海琴. 正确认识和全面把握"三个核心价值观"的科学内涵及现实意义［J］. 中共太原市委党校学报，2012（3）：3-5.

第一节　区域精神的特征

区域精神究其本质而言是一种社会意识，具有社会意识的一般特征。同时区域精神的形成和发展、内容表述以及践行的方式，又使其具有独有的特征，区别于一般社会意识。这些特征也成为区域精神功能存在的前提基础。

从当代区域精神塑造的实践来看，区域精神可以说是富有区域特色的理论体系、发展理念、行为规范和价值目标的集中体现，因此区域精神基本特征体现为三个方面的统一：时代发展动态性与内涵相对稳定性的统一；内容多元性与表述凝练性的统一；文化传统继承性与区域特点鲜明性的统一。

一、时代发展动态性与内涵相对稳定性的统一

区域精神必须具备鲜明的时代特征，反映时代的主题。同时作为一种象征性的精神表达，其内涵要有相对的稳定性。区域精神体现了动态发展与静态稳定的辩证统一。

一方面，任何一个时代都有鲜明的时代主题，都塑造了自身的时代精神。黑格尔从唯心主义立场出发，提出时代精神属于客观精神范畴。他认为，"绝对精神"在每一个时代的化身就是每个具体时代的时代精神。因此时代精神成为每一个历史时代所特有的普遍精神实质，成为超越了个体的共同的集体意识。时代精神昭示着每个具体时代的发展潮流与方向，构成了激励一个民族和国家顺应时代发展的强大精神动力。马克思根据唯物史观基本原理，对黑格尔的

这一重要论述做出补充和修正，认为时代精神不是由"绝对精神"决定的，而是由一定历史发展的不同阶段决定的。恩格斯指出："每一个时代的理论思维，从而我们时代的理论思维，都是一种历史的产物，它在不同的时代具有完全不同的形式，同时具有完全不同的内容。"① 因此区域精神在本质上随着社会发展而处于一种不断累加进化的过程之中。这也就决定了区域精神不能是一种静态的存在和传统，而是在社会的发展变化过程中不断得到充实和完善，适用于所有时代的超越历史阶段的区域精神是不存在的。坚持时代的动态发展性才能赋予区域精神以应有的活力，才能与时代的主题一致，才能符合时代的价值准则，也才能使区域精神发挥其功能。另一方面，区域精神的引领作用和象征功能，又会对其内涵的相对稳定性提出要求。在实践中孕育的区域精神，在概括提炼过程中就在完成从具体向抽象、从特殊到一般的哲学意义上的转换和提升，也正是这种转换和提升赋予了它稳定性的特征。稳定性的获得才能够使特定的区域精神形成对外界的区域形象阐释，才能够形成对本区域的精神引导和行为规范。这一特征事实上也决定了区域精神塑造绝对不能成为一阵风似的运动。把区域精神塑造作为一种运动来理解和操作，在理论上是肤浅的，在实践中也是不可行的。区域精神的稳定性也要求区域精神塑造不能成为国家政治意识形态的区域化翻版，国家意识形态层面的内容发生一定变动时，区域精神应该有其自身的发展规律。

区域精神时代发展动态性与内涵相对稳定性的统一，作为区域精神的一个基本特征，是当代区域精神塑造实践过程中必须高度重视的，尤其是在概括提炼环节，必须解决好时效与普遍的关系，既

① 马克思恩格斯选集（第1卷）［M］．北京：人民出版社，1995：284．

能够紧紧扣住时代的脉搏，又能反映一般的规律。这就要求既能分析把握区域地域文化的本质，又能够具有一定的前瞻性，准确反映区域的发展目标和精神价值追求，在此基础上凝练好区域精神。

二、内容多元性与表述凝练性的统一

当代的区域精神要适应社会发展需求，一定要有丰富的内涵，形成多领域、多层次的总结。但是区域精神表述的特殊性又要求其必须是高度凝练的。因此区域精神又必须实现内容多元性与表述凝练性的辩证统一。

一方面，特定的区域精神表述，也就意味着具体的形象塑造和展示。众所周知，一个区域的形象展示，一定是具有区域特点的全方位的展示。尤其是当代区域形象的展示，意味着区域向外的沟通，可能会带来区域发展的历史机遇。区域形象必须是立体的、多元的，一定是本区域历史文化、区域民情、经济发展等多领域的合力展示，只有这样才能形成外界对于区域整体的了解和认可。否则经由区域精神而展示的区域形象可能会比较单一，甚至比较苍白。这种外界认知一旦形成，短期内是很难改变的。客观而言在区域精神塑造的历史实践中是有这一方面的教训的，应该进行深入的反思。同时区域精神对内的引领与规范，也必然要涉及到诸多的领域和范畴，涵盖本区域社会生活的主要和重要方面，要贯通传统与现代，扭结历史与未来。只有这样区域精神才能符合现代社会的丰富与多彩，才能表达出本区域内人们的价值追求、精神情操和未来期许。可以说，区域精神内容的多元性正是区域精神对内对外作用的要求，也只有实现了多元，对外形象展示和对内精神引领才获得坚实厚重的基础。另一方面，区域精神是一种文化象征，有着自身的表达要求，在表述上必须做到高度凝练。只有这样，才能为区域内大多数人们所了解、所熟知，从外在的精神导向逐步内化为内在的精神追求，实现区域精神的"化育"功能，使区域精神完成从实践中提炼到引领实践的完整过程。同时区域精神的高度凝练也是形成多样化、多层次宣传教育体系的要求。如山西精神所提炼的"坚韧"，就对山西历史发展中，先祖们历经艰难、饱经风霜的生存斗争精神，特别是新中国成立以来山西人民艰苦奋斗、矢志不渝的奋斗精神作出了高度概括，一个词里边包含着丰富的精神内涵，能够为各个层次的人们所理解和接受，也能通过多样的形式来表达和宣传。

区域精神内容多元性与表述凝练性的统一，对区域精神塑造中的概括提炼是提出了比较高的要求的。把握区域特点，运用高度凝练的语言，准确全面地表述区域精神，是区域精神塑造的重要问题。

三、文化传统继承性与区域特点鲜明性的统一

区域精神植根于本区域的历史文化传统，具有深厚的历史文化底蕴。同时区域精神又必然受到本区域地域特点的影响。一方水土养一方人，也塑造一方的文化。区域精神要做到文化传统的继承性与区域特点鲜明性的统一。

一方面，区域精神的塑造与区域历史发展紧密相关。区域精神的特质贯穿于区域的过去、现在与未来。一个区域在历史长河中所经历的事件，会逐步萃取形成具有历史特征的区域精神，成为区别于其他区域的独特信息，标志着一个区域的文化气质，承载着本区域人们久远的历史记忆。历史的记忆对现在发生影响是一个不可避免的事实，在深层意义上这种影响必然主要体现在人们的思想精神层面。因此区域精神具有历史传统的继承性就成为一种必然。事实上，这种历史继承性在区域精神的表述中的反映，也更加会拉近本区域人与人之间的距离，寻找到人与人之间的历史精神血脉，无疑

会增加人们对于区域精神的认同。只有具有历史的传承，区域精神才不再是简单的符号，而变成人文情怀的承载。正如有学者谈到作为区域精神的一种形态——城市精神所提出的，"城市的历史告诉我们，城市不是教科书中枯燥的数字和资料，而是有内涵、有个性、有感情，是活生生存留于城市空间和时间中的生命的热度、岁月的痕迹、文化的积淀。城市通过自身集中的物质和文化力量加速了人类交往活动的形成，并通过城市的各种有形和无形的物质形态和非物质的意识形态载体一代一代传承下来，这个不断传承的城市灵魂就是'城市精神'。"① 另一方面，区域精神又要体现鲜明的地域特色，如果说历史文化传统是区域精神的文化名片，那么地域特色则无疑是区域精神的地理名片。一个地区的地域特点，本身就是塑造区域精神的重要力量。正如马克思所指出的，"没有自然界，没有感性的外部世界，劳动者就什么都创造不出来"。② 例如山西自古以来就是游牧民族和农耕民族的交汇地，民族的融合性必然产生文化的巨大包容性。因而包容宽容成为山西许多地方区域精神表述的关键词。另外我们也可以看到，正是山西贫瘠的地貌，在这片土地上生存的人们对于艰苦奋斗的坚韧精神的强调，达到其他地区可能难以理解的程度，其实这正是特定的地域特点给他们打上的深深的精神烙印。从全国范围来看，目前各省市所提炼概括的区域精神都带有鲜明的地区特色。例如福建精神中的"爱拼会赢"，明显是闽南地域文化的典型代表。

所有的历史都形成于特定的空间，所有的文化必然都带有地域的特征。地理环境既是区域精神形成的影响力，也会成为区域精神表述语反映的基本内容。在区域精神塑造中体现文化传统继承性与

---

① 陈柳钦. 城市精神及其塑造和弘扬 [J]. 理论学习，2010（10）：26-32.
② 马克思恩格斯全集（第42卷）[M]. 北京：人民出版社，1972：95.

区域特点鲜明性的统一，使区域精神获得了丰厚的生命力和鲜明的特色。

第二节　区域精神的功能

区域精神是特定区域精神价值观念的集中体现，是一定区域范围内获得公众普遍认同的价值理念和精神导向，连通了历史、现实与未来的价值走向和精神追求。可以说，区域精神是灌注于区域文化中的精神魂魄。区域精神的地位和特征，决定了区域精神在区域发展中，发挥着不可替代的重要功能。

一、社会整合功能

精神是一面旗帜，具有重要的感召和凝聚作用。社会处在可持续动态发展之中。人类社会发展的历史实践表明，一个社会的经济、政治、文化等方面的不断发展和日益丰富，在推进社会逐步现代化的同时，又会导致思想认识、价值规范、行为方式等方面的急剧分化，使社会当中的各个层面逐渐累积起不稳定因素。这是所有走向现代化过程中的社会必然会面对的共性问题。因此社会现代化转型过程中，必须要在分化之中建立共识，维护社会的稳定和谐，避免现代化过程成为原子化过程。这就需要在分化趋势基础上进行相应的整合，使社会成员的思想规范在核心价值层面上形成共识，这也是传统社会转型为现代社会的观念基础。"认识他们、组合他们，可以在他们之间比较这些组合，可以掌握他们的共同之处和他们不同之点，可以对所有这些对象加上各种符号以便更好的认识他们并促成各种新的组合。"① "按比例的平等并且使每一个人都享受自己的所有。"② 区域精神是一个区域的精、气、神，对于凝聚人心和凝聚人气，具有非常重要的作用。区域精神是区域内人们共有的价值观和道德规范的表现，在此基础上能够实现社会的有机整合。区域精神有助于区域内的人们认可自己的区域、历史传统，完善对于区域文化的认同，有助于一定区域范围内的社会公众，塑造共同的价值信仰和精神导向，凝结区域内的共同意志，形成区域内的统一行动，形成一定区域基于深层文化心理基础上的向心力。因此塑造区域精神就其本质而言，就是形成和塑造特定区域中共同的精神导向，在共同认同的价值之维上，形成凝心聚力的思想基础，以此使区域成员同心同德朝着一个共同的目标而奋进。现代社会发展的复杂性，使得任何地区在实现本区域发展目标过程，必然会面对许多挑战和困难。特别是现代社会的发展，经常伴随着转变发展方式乃至推进非常规发展的过程。这种复合性的社会发展，必然产生经济社会发展中的结构性变革，以及相应带来的多种利益格局的变化和利益关系的调整。当代中国社会发展的实践也表明，这种状况使不同群体、层面社会成员产生不同认识、判断与思考，思想观念和价值取向的分离几乎是不可能避免的。当发展进入攻坚期或者利益分化进入加剧期，思想意识和价值观念的分化就会形成相互碰撞，一方面造成许多认识上的困惑，另一方面造成社会的分裂和冲突。因此，充分发挥区域精神的社会整合功能，统一思想，凝聚共识，不断锤炼广大干部群众共同认可的价值理念和精神追求，是时代提出的现实命题。

---

① ［法］孔多赛. 人类精神进步史表纲要［M］. 何兆武，何冰译. 北京：三联书店，1998：1.
② ［古希腊］亚里斯多德. 政治学［M］. 颜一，秦典华译. 北京：中国人民大学出版社，2003：1307.

二、精神导向功能

区域精神代表着一个地区的精神价值追求，凝聚着一个地区的历史传统与现实发展的思想精髓，也彰显着一个地区的未来发展。一定区域的地理地貌和历史传统形成一定的区域文化，区域精神是区域文化最本质的高度凝练，在整个区域文化体系中处于最核心的位置。正如区域文化整体上打造了区域的文化底色，区域精神对于区域的整体发展起着重要的精神导向功能，而区域精神最根本的地方在于它所体现出来的区域价值观，价值观主要表现在一个民族所具有的独特的精神气质、活动方式和动力机制上，是实现精神导向的基础。因此加强区域精神塑造，就是在加强区域价值观的构建，也必然会对区域发展产生重要的导向作用。从这个意义上讲，区域精神作为一种无形的力量，形成强大的导向规范作用，使区域成员的个体行为趋向于区域整体价值目标。简而言之，区域精神倡导什么，区域成员就会重视和践行什么。就山西区域发展的实践而言，同样离不开强大思想理论和舆论环境支持。在当前发展矛盾突出和发展机遇稍纵即逝的压力下，不为困难所惧，不为犹疑所惑，不为风险所阻，推动转型跨越少走弯路，就需要通过培育、践行山西精神，认准目标、坚定信念，激发全省干部群众在复杂的矛盾和实践中变压力为动力，并把这样的信念具体化为指导实际工作、生活、学习的科学认识、思路与方法，为广大干部群众提供化险为夷、攻坚克难的思想指导与精神动力。正如马克思在《黑格尔法哲学批判导言》中所指出的："理论一经掌握群众，就会变成物质的力量。理论只要说服人，就能掌握群众；而理论只要彻底，就能说服人。"①

---

① 马克思恩格斯选集（第1卷）[M]．北京：人民出版社，1995：9.

区域精神引导功能的发挥，关键在于区域精神本身，在塑造过程中能否抓住事物的本身，能否做到"掌握群众"。

三、经济促进功能

经济发展的前提是效率，效率提升的必要条件就是必须有一定的精神动力。因此，经济活动必然具有特定得当的维度，具备特定的道德基础或者价值意义。现代经济的发展离不开一定的伦理道德规范支撑，必须遵循公平公正的道德精神理念。因此，经济本身具有道德的维度，蕴含着公正、平等的价值要求。德国学者韦伯指出了资本主义经济所赖以发展的基础就是宗教改革以来形成的新教伦理，他指出："集中精神的能力，以及绝对重要的忠于职守的责任感，这里与严格计算高收入的经济观，与极大地提高了效率的自制力和节俭心最经常地结合在一起。这就为对资本主义来说是必不可少的那种以劳动为自身目的和视劳动为天职的观念提供了最有力的基础：在宗教教育的背景下最有可能战胜传统主义。"① 美国学者弗朗西斯·福山针对古典经济学的弊病也提出伦理精神对于经济活动的重要意义，"最高的经济效率不一定由理性的利己主义行为来达成，反而由个体所组成的群体共同努力达成，原因是这些成员之间存在着共同的道德观，使他们合作起来更见效"。② 随着市场经济的发展，诚实、信用、公平、敬业等精神规范被视为市场经济发展的重要动力。区域精神一旦形成，由于它是一种社会心理价值，能够与本区域成员的归属感、责任感、自

---

① ［德］马克斯·韦伯：新教伦理与资本主义精神［M］．于晓，陈维纲等译．北京：三联书店，1992：45.
② ［美］弗朗西斯·福山：信任——社会道德和繁荣的创造［M］．李宛蓉译．远方出版社，1998：30.

豪感等有效地融合在一起，会产出一种强烈的进取和奋斗精神，这是任何物质因素或者经济手段都难以企及的。这样就会最大限度地激发出本区域成员内在的智慧和动力，为实现本区域经济的高效快速发展提供坚实的思想基础和强大的精神动力。山西在地方经济发展过程中，面临着巨大的压力和挑战，实现经济的发展一定要通过区域精神的成功塑造，宣传教育，鼓励人们践行，形成有利于经济发展的良好社会精神氛围，真正有效地发挥区域精神的经济促进功能。

四、政治服务功能

区域精神在一定的社会发展过程中，由于其价值引领和精神导向，有利于在文化心理层面促进一个地区的稳定，有利于包容发展、推进民族团结，进而有利于促进国家的稳定和统一。区域精神之所以具有这些政治服务的功能，关键在于区域精神和国家意识形态的紧密关联。区域精神与意识形态是紧密联系的，就其内容而言，二者是相互渗透的，一方面任何的社会意识形态都会把区域精神中的优秀内容作为其组成部分，通过对区域精神合理内涵的充分整合，推进意识形态的发展。另一方面也是更重要的一方面，意识形态必然会充分渗透到区域精神塑造过程，既是区域经济核心价值的指导，也是区域精神内涵的精神要素。意识形态的突出特征在于政治性，而区域精神则侧重于文化心理的认同，注重情感和意志的作用。区域精神具体的内容不是意识形态的简单翻版，但是区域精神一定反映国家意识形态的最基本内容和价值取向。对此马克思在《德意志意识形态》中有着深刻的揭示："占统治地位的思想不过是占统治地位的物质关系在观念上的表现，不过是以思想形式表现出来的占统治地位的物质关系；因而，这就是那些使某个阶级成为统治阶级的关系在观念上的反映，因而也就是这个阶级的统治的思想。"① 因此毋庸讳言，在当代中国，区域精神是社会主义核心价值体系的区域性构建，也是弘扬和践行社会主义核心价值观的生动体现。区域精神塑造以社会主义核心价值体系为指导，保证了区域精神塑造的政治正确性，也为区域精神政治服务功能的实现奠定了基础。

第三节　区域精神塑造的典型模式

区域精神以简洁、凝练的表述，准确全面地传递着区域的精神价值。区域精神获得高度认同，一方面可以展示本区域的文明程度，另一方面为增强区域向心力、凝聚力提供了具有共识性的文化心理基础，也成为区域形象塑造和软实力建构的基本内容。正是对于区域精神重要性认知的逐步深入，区域精神经历了从历史自发形成到主动塑造的转型。特别是自 2007 年以来，区域精神塑造成为地方党政部门的重要工作之一，并在 2012 年左右达到一个阶段性的高潮。区域精神塑造是一个全新的工作实践，并没有系统的理论支持，这也导致区域精神塑造实践带有很明显的运动化特色，产生了一些比较突出的问题。总结区域精神塑造实践中的典型模式，并对其进行反思，是保证区域精神塑造健康发展的基本前提。

区域精神塑造受到多方面因素的影响。从区域精神塑造的实践分析，更多的是突出某一方面的主导，依据主导因素不同，实践形成了四种比较典型的塑造模式：地域特点主导型、经济发展主导型、

---

① 马克思恩格斯选集（第 1 卷）[M]．北京：人民出版社，1995：99.

意识形态主导型和文化传统主导型。

一、地域特点主导型

区域精神产生于特定区域，是区域成员精神风貌的概括总结。人们经常说，一方水土养一方人，特定区域成员的精神风貌是在区域环境影响之下生成的，这也使区域精神表现出极大差异性。在区域精神塑造过程中，地域特点主导型主要是特定区域特点所塑造出的区域成员特定的精神形象和推崇的精神价值取向。

案例一：右玉精神的塑造

右玉是地处山西省西北边陲的国家级贫困县，与毛乌素沙漠毗邻为伴，生态环境一直比较恶劣。新中国成立前，右玉曾流传着这样一首民谣："一年一场风，从春刮到冬；白天点油灯，黑夜土堵门；山岭和尚头，十年九不收；男人走口外，女人挖苦菜。"新中国成立初期，全县295万亩土地，仅有残次林8000亩，森林覆盖率不足0.3%，沙化面积达225万亩，占土地总面积的76%，水土流失、风沙干旱、冰雹霜冻等灾害频繁发生，大多数时候只能靠国家的救济粮生活。新中国成立以来的60多年里，右玉县历任领导班子坚持执政为民、尊重科学、百折不挠、艰苦奋斗，不懈传承科学发展、改善生态、植树造林、兴县富民的发展思路，团结带领全县干部群众，用实际行动谱写了科学发展的绚丽华章。如今的右玉，"春天黄玛瑙，夏天绿翡翠，秋天金琥珀，冬天白玉石"，一年四季满目美景，森林覆盖率达53%，成了享誉山西省内外的"塞外绿洲"。右玉县痴心播绿、改善生态的绿色发展史，是执政为民理念的生动实践，是科学发展思想的具体写照，是百折不挠精神的真实展现，是艰苦奋斗作风的自觉弘扬。他们在实践中培育出了"全心全意为人民服务，迎难而上、艰苦奋斗，久久为功、利在长远"的"右玉精神"，矗立起一座令人敬仰的精神丰碑。"右玉精神"是党执政为民、践行宗旨的一个缩影，是党的科学发展理念的质朴诠释和成功实践。60多年来，不论是新中国成立初百废待兴的恢复期，还是大炼钢铁、"大跃进"的冒进期，不论是以阶级斗争为纲的"文革"极左时期，还是有水快流的改革开放初期，右玉历届领导班子始终从人民群众生存发展的根本利益出发，把植树造林、改善生态这项右玉最大的民生工程作为立县之本、执政之基，咬定青山不放松，排除一切干扰，带领干部群众摸爬滚打在植树造林第一线，顽强执着地为右玉大地披绿增翠。他们用实际行动回答了这一问题：群众的出路就是个人最好的出息！正是因为这一感人业绩，右玉17任县委书记集体荣获了"2007山西记忆十大新闻人物"。

在艰苦的探索实践中，右玉铸就了以"执政为民、尊重科学、百折不挠、艰苦奋斗"为核心的"右玉精神"，高度概括了区域精神的内涵，并在全国、全省引起了热烈的反响。

从右玉精神的核心内容，可以看到右玉区域特点对于当地区域精神塑造的主导性，这种自然地理状况，既孕育了右玉精神，又是右玉的价值标的，这种百折不挠的精神取向在当地拥有最高的精神认同。区域地域特点主导型的塑造模式，塑造了各具特色的区域精神，反映了不同区域各自的最高价值取向。反思右玉精神的塑造，可以更加明确区域精神的地域性特征，这是避免区域精神塑造出现同质化倾向的重要保证。同时区域精神塑造也是一个具有鲜明层次性的行为，不同层级的地域会塑造不同的区域精神。当然精神具有共性的东西。但是对于较广地域的精神塑造而言，寻求共性的要求就更加突出，在充分反映区域地理特点的同时，实现个性与共性的统一与平衡，也是区域精神塑造需要深入分析的问题。

二、经济发展主导型

改革开放以来，地方经济发展目标与发展方式成为许多地方区域精神表述的关键词。可以理解，地方经济发展对于任何区域都具有举足轻重的地位，把经济发展的战略规划纳入到区域精神表述当中，可以使区域成员更加理解认可本区域的发展方向与方式，实现鼓舞干劲的目的。经济发展主导型的区域精神塑造，是讲求实效的功利主义的体现。

案例二：吕梁精神的塑造

山西省吕梁市行政区划内包含了吕梁山绝大部分地域，总面积2.1万平方公里，山区半山区面积占91.8%。吕梁是资源富区，蕴藏着煤、铁、铝等矿产资源40多种，含矿面积占全市国土面积的90%以上，其中含煤面积11460平方公里，占全市国土面积的54.3%。长期以来，吕梁市传统产业比重高、支柱产业单一、产业结构不合理、生态环境脆弱，严重制约着吕梁的可持续发展。同时，吕梁市又是贫困地区，近年来，虽然吕梁经济社会迅猛发展，经济总量及增速连年位居全省前列，但由于贫困面大（全市372万人，贫困人口近100万人）、底子薄，扶贫攻坚任务艰巨。

在这种情况下，吕梁一方面发扬艰苦奋斗的精神，不断发展生产，摆脱贫困；另一方面，推进创新，改变一煤独大的经济结构，取得了比较好的经济社会效果。"沟壑墚峁斜角角，十年九旱干巴巴，种庄稼没法法，栽上枣树十拿拿。"吕梁十年九旱，日照时间充足，昼夜温差明显，适合种苹果、红枣、核桃等果林。因此，大力发展经济林成为吕梁市发展山区经济的一个重要途径。同时因地制宜，在传统的煤炭行业，不断进行创新，煤炭生产企业通过建立循环经济链条。吕梁经济社会进入快速发展的新时期，主要经济指标增幅连年位居全省前列，吕梁整体面貌发生了根本性改观。

吕梁立足自身实际，推进产业结构创新的经济发展方式，推动了吕梁经济社会发展。吕梁市正在努力建设成为现代产业发展的重要集聚区域、生态文明建设的先行区域、人民安居乐业的幸福乐园。因此在吕梁精神的提炼概括中，"自强不息，勇于创新"就成为吕梁精神的核心内容，以此来进一步统一人们的思想，坚持既定的发展方式，推动经济社会进一步发展。

区域经济对于区域发展的重要性不言而喻，以区域经济社会发展目标、方式来统一思想、凝心聚力，是区域经济发展主导型的区域精神塑造模式的基本出发点。这一塑造模式把区域经济发展做了清晰化的概括，提出了与此发展目标相一致的精神。从这个意义上讲，吕梁精神的塑造突出地抓住了经济发展这个目标，从促进经济持续健康发展的视角，努力激发区域成员的进取意志和奋斗精神，从一定程度上为区域经济发展奠定了一个精神基础，营造了一个良好的精神氛围。不仅仅是在山西，改革开放以来，许多地区在区域精神塑造中基本都运用了这一模式。从区域发展的长远来看，这一塑造模式在充分满足区域经济发展需求的同时，也会显现出一些不足。首先区域发展是一个全面的发展，这一点已经形成共识，在此情形下，过多注重经济发展，尽管突出了发展的重点，但是却有所不足；其次与经济发展目标方式要求一致的精神概括，只是对精神特定领域要求的表达，并不能够完整概括表述区域精神；最后社会发展的日益多元化，经济发展目标方式主导的精神塑造，在激发区域成员产生共鸣方面会面临一定的制约。

三、意识形态主导型

一个社会中的主流意识形态是一个社会的主导性价值观念。区域精神作为一种地域性精神观念，必然会受到主流意识形态的影响。意识形态一般指人们对客观世界的认知和理解，是主体对客体的感观思想，是人们观念、观点、概念、思想、价值观等要素的总和。马克思唯物主义认为，任何意识形态都不是人脑中本来就有或是凭空产生的，就其本质而言是特定社会存在的反映。意识形态的形成及其内容受主体的思维能力、客观环境等因素的影响和制约。基于不同的意识形态，即使是同一种事物，主体的理解和认知也会产生根本性的差别。马克思主义认为，一定的意识形态内容，反映了特定社会历史发展阶段当中，经济基础、政治制度以及人与人之间的经济关系和政治关系。每个社会主导意识形态，都是占社会统治地位的意识形态，集中反映该社会的经济基础，表现出该社会的思想特征。新中国成立以来山西在区域精神塑造中，受到意识形态主导集中体现在新中国成立后到改革开放前这一时期。下面以大寨精神的塑造为典型案例，具体分析意识形态主导型的区域精神塑造模式。

案例三：大寨精神的塑造

山西省昔阳县大寨乡，地处太行山麓。1964 年"工业学大庆，农业学大寨"的口号，使大寨成为自力更生进行农田基本建设的样板被中国政府向全中国农村推广，从而也让大寨精神在中国乃至世界闻名十几年。这里穷山恶水，七沟八梁一面坡，自然环境恶劣，群众生活十分艰苦，新中国成立后进行治山治水，在七沟八梁一面坡上开辟层层梯田，并通过引水浇地改变了靠天吃饭的状况。1963 年 8 月，大寨遭受了特大洪灾，经济损失非常严重。在巨大的灾害面前，大寨人提出"三不要，三不少"（即不要国家救济粮、救济款和救济物资；统购不少、口粮不少、分配不少）的口号，战胜了自然灾害，再次夺得丰收。山西省委抓住了这个典型，向全省农村、城市各级党组织发出向大寨学习的通知。同时把大寨的精神用三句话作了高度概括："藐视困难，敢于革命的英雄气概；自力更生，奋发图强的坚强意志；以国为怀，顾全大局的高尚风格。"① 可见山西省委最早提出学大寨，是想改变长期以来山西农业的落后面貌，实现农业的稳产高产。

随着山西的"四清"运动和阶级斗争的发展，山西省委原来总结的大寨精神加进了阶级斗争的内容。作为一个先进典型，大寨本身也突出了政治，更加强调了阶级斗争。大寨精神也被解释成为开展阶级斗争的结果。许多地区学大寨不仅学大寨精神，也开始学阶级斗争。在这种情况下，山西省委又这样概括了大寨精神："学大寨，学什么？主要是学由毛泽东思想武装起来的大寨人所具有的革命精神：一是社会主义、共产主义的远大理想；二是藐视困难、敢于革命的英雄气概；三是自力更生、奋发图强的坚强意志；四是大胆忠实、改天换地的革命干劲；五是以国为怀、助人为乐的高尚风格。"② 山西省委同时又强调，在学大寨的过程中要"突出政治"。什么是"突出政治"？山西省委不久又解释："突出政治，就是要以阶级斗争和两条道路斗争为纲，坚持政治挂帅，把政治放在首要地位，以政治统率生产，统率经营管理，统率一切工作。把思想政治工作渗透到生产、管理和其他一切工作中去。"③ 1964 年 12 月，第三届全国人民代表大会第一次会议上，周恩来在《政府工作报告》中对大寨精神作了如下的概括："政治挂帅、思想领先的原则；自力更生、艰苦奋斗的精神；爱国家、爱集体的共产主义风格。"对大寨精神作了最经典的概括表述。

---

① 王家进．浅析二十世纪六十年代山西省委对大寨精神的总结［J］．中共党史研究，2010（11）．
② 王家进．浅析二十世纪六十年代山西省委对大寨精神的总结［J］．中共党史研究，2010（11）．
③ 岳丛欣．农业学大寨运动及其再评价［J］．党史文汇，2012（10）．

反思大寨精神的塑造，可以明显看到其成功之处，一是突出了基层党组织引领的核心作用，二是充分体现了自力更生、艰苦奋斗的精髓思想，三是弘扬了社会主义无私奉献的高尚道德风尚。大寨精神所蕴含的追求理想的开拓精神、永不言败的苦干精神和甘于付出的奉献精神，永远是我们的不竭精神动力。山西省委提出学大寨时最早总结出的"三句话"精神，是基于改变落后面貌，实现农业发展的目标，至今仍然具有较强的精神功能和实践价值，不失为一种典型的区域精神塑造。但是后期由于与意识形态过度的纠缠纠葛，使大寨精神在许多人看来变成了政治口号，变成了特定历史时期意识形态的一种言说。客观来讲直到今天这种看法仍然存在。姑且不对这种看法做出评述，仅从区域精神的功能性要求来看，显然是存在不足。社会意识形态与区域精神的关联性问题，是必须认真厘清、慎重处理的。

四、文化传统主导型

文化传统是区域精神塑造的重要源泉，是流淌在区域成员身体里的文化基因。在区域精神塑造过程中，挖掘和总结区域历史传统是重要的环节。在区域精神塑造的实践当中，文化传统总会在内容表述中占有较大的比重。相对来讲，文化传统主导型则意味着区域精神塑造基本等同于区域文化传统的总结。

案例四：阳泉精神的塑造

阳泉市位于山西省东部，是山西省东部地区政治、经济、文化、教育、交通、信息中心，现辖平定县、盂县、城区、矿区、郊区5个县区和1个省级经济技术开发区。阳泉历史悠久，具有深厚的文化底蕴，距今约10万年左右的枣园旧石器中期文化遗址，记录了本地历史的发端；最早见诸史籍的是春秋后期存在于盂城盆地的仇犹古国；盂县藏山古祠相传为赵氏孤儿藏身地；赵简子曾在这里修筑"平潭城"与列国争雄；汉淮阴侯韩信下赵经此出土门"背水一战"；唐平阳公主率娘子军驻守"京畿藩屏"娘子关。古往今来，这一兵家必争之地，见证了自春秋战国经秦汉唐宋至于近现代的一次次历史风云、沧桑巨变。

阳泉文化传统之中，最为典型的是两个方面：一是阳泉是山西文教兴盛之地。据《平定县志》记载，阳泉历史上一直有重教兴学、崇尚文化的传统，北宋至明清，阳泉文化教育昌明，被誉为"文献名邦"和"进士之乡"，涌现出了吕思诚、耿九畴、张三谟、张佩芳、窦瑸、张穆等灿若星云的名臣贤士，有269名阳泉人经科举取士荣膺进士功名。所以曾有"三晋文化数二定"（平定、定襄）之说。阳泉全景书院林立，早在北宋末年即修建冠山精舍，元代时期冠山书院就在山西及华北名声显赫，明清两代相继建立名贤书院、高岑书院、怀音书院、崇尚书院。书院林立引得群贤毕至，如明末清初的大思想家傅山曾在此寓居多年。二是阳泉对于信义精神的高度推崇。位于阳泉盂县的藏山，因相传是春秋时期赵氏孤儿的藏身地而蜚声全国。藏山原名盂山，相传晋国大夫赵朔被晋国公杀害，赵朔死前将遗腹孤儿托付给门客程婴，程婴舍去己子，携赵朔的孤儿赵武潜入盂山藏匿15年之久，后人就把盂山改名为藏山，并立祠祭祀，距今已有2600多年的历史。至今阳泉境内有多处与赵氏孤儿相关的纪念祠堂和文化遗迹，为阳泉人所津津乐道。

正是阳泉所引以为豪的这两个典型的文化传统，所以"勤学崇文、急公好义"就成为阳泉精神的重要内容。以至于阳泉在现代高考中取得的成绩，以及阳泉在革命战争年代的英勇付出，都成为这一精神的注解。

反思文化传统主导下的阳泉精神塑造，对于进一步推进区域精神塑造有重要的启示。不可否认，这种扎根于文化传统的塑造模式，的确大大扩展了历史时空，也容易获得区域成员的认可。但是在这种模式主导下，区域精神塑造更多成为区域历史文化传统的总结，也带来了两个不容忽视的问题：一是历史文化传统中的精神价值在当代的适用性问题，区域精神的时代性和历史传承性不能发生偏废。为了使传统精神与时代价值吻合，在区域精神的宣传过程中，必须做时代性的解释，又会产生解释合理性和恰当性的争议，历史传统是否能够找到符合今天价值需求的解释，如何避免削足适履情况的出现，如何防止因为解释的歧义性而导致精神认同度的降低等，都是不容回避的。二是区域精神不仅仅是历史积淀的反映，更应该有面向未来发展的期许与自我定位，只有这样区域精神才能够发挥目标整合作用和未来引领作用，因此单纯的文化传统主导型的塑造模式在满足了历史厚重需求的时候，未来发展的指向性可能会遭到忽视。区域精神不仅仅是唤起人们的历史回忆，更要激发人们面向未来的斗志。

第二章

山西省区域精神塑造的实践探索

　　区域精神作为区域价值文化的高度凝练表达，必然包含本区域丰富的历史传承，也反映着区域历史文化传统的核心精华。任何割裂历史传承的区域精神表达都既缺乏应有的厚度，也丧失了大众认同的基础。因此，区域精神一定是立足于深厚的历史文化底蕴，表达对未来发展的追求，形成了历史与现实、传统与现代的紧密结合。当代的区域精神凝练表达中有着丰富的历史累积，是区域价值穿越历史时空的层层积淀与升华。山西地处黄河流域，便利的灌溉使其成为农耕文明发展的理想沃土，成为华夏文明发展的最早源头之一。山西北接幽燕，南连中原，在历史上是北方游牧民族南下的必经之地，也是农耕文明抗击南下游牧民族的主战场，这也使山西成为金戈铁马的战争中各民族融合的主要场所。这种区位特征，使山西在漫长的历史发展中形成了独特的区域价值取向。近代以来救亡图存的革命号角、浴血抗战的连天烽火以及社会主义建设的滚滚热潮，又给山西区域精神注入了新的血液。这些都成为当代山西区域精神塑造的宝贵精神财富。

第一节　山西省区域精神塑造的历史发展

区域精神建基于一定的区域文化，展示区域特定的价值取向。一定区域的文明进程与历史演进，会给一个地区的文化赋予基本的底色，表现出独具特色的区域价值导向，规范着本区域人们的社会行为，成为本区域人们共享的精神家园。

一、山西省历史传统中形成的区域精神

山西是华夏文明的源头之一，农耕文明高度发达，历史文化绵延漫长，积淀深厚，个性独特。山西地理构造特殊，自古以来有表里山河之称谓。南北自然条件迥异，民俗民风差异较大，在历史上经常分属不同民族统治，成为游牧文明和农耕文明交汇冲突的主要地区。正是在文明的交汇冲突之中，创造了特色鲜明的区域文明，形成了影响深远的区域精神。这种历史发展中自发累积形成的区域精神，也成为当代山西区域精神塑造的基本文化基因。概而言之，山西历史传统中形成的区域精神主要包括以下五个方面：

（一）兼容并蓄的包容精神

山西地处中原农耕文明和北方游牧文明的接合部，这样的历史区位，使山西成为中华民族民族融合的主要舞台。北方少数民族或是大举进入山西建立政权，或是以此为基地入主中原。"在春秋战国、南北朝、五代十国时期，山西先后出现了民族融合的三次高潮，形成了平阳（今山西临汾）、平城（今山西大同）、晋阳（今山西太

原）三个民族融合的中心。"① 民族融合、文明碰撞，使山西自古以来就形成了兼容并蓄的独特地域精神。正是有了这种精神，汉民族与各少数民族在山西这块土地上，从经济、政治、文化、观念、习俗等社会生活的各个领域，进行了充分的交流和融合，推进了中华文明多元文化和社会一体化趋势的发展。在兼容并蓄的精神之下，一方面北方游牧民族逐步全面融入汉民族文化，呈现出历史学家称作民族融合的主流趋势，北方各民族在融合过程中实现了文明的发展进步；另一方面，北方各民族文化也不断为汉民族文化所吸收，为汉民族文化输入了新鲜的血液，增添了鲜活的生命力。"在这漫漫数千年间、山西作为不同民族交往活动的舞台和不同民族文化交相荟萃的熔炉，始终直接影响着中华民族及其文化发展的进程。"② 在文明进程中，山西特殊的地理区位，使其在中华文化发展中做出了独特的贡献，也形成了山西多元包容的广阔胸怀，塑造了山西兼容并蓄的区域精神，千载而下绵延不绝。

（二）慎终追远的家园精神

农耕文明本来就具有重土安迁、慎终追远的家园情怀。山西在历史发展中，由于明初成为移民的主要迁出地，更加深了这种情感，成为一种典型的区域精神。"问我祖先何处来，山西洪洞大槐树，祖先故居叫什么，大槐树下老鹳窝。"③ 这首小诗反映了当时山西的移民情况。但并非仅仅洪洞一地，全山西在明初都是移民主要迁出地。这主要是因为元末战乱时期，蒙古贵族将山西作为其心腹之地加以经营和保护，因此在中原地区因战争而人烟断绝之际，山西人口却

---

① 袁行霈，陈进玉．中国地域文化通览（山西卷）［M］．北京：中华书局，2013：15.
② 袁行霈，陈进玉．中国地域文化通览（山西卷）［M］．北京：中华书局，2013：16.
③ 安介生．山西移民史［M］．太原：山西人民出版社，1999：310.

得到了大量增长。明初统治者为了平衡人口分布，采用"狭乡迁宽乡"的做法进行移民。史料记载，明初山西曾经进行过三次大规模人口迁移，分别是明洪武二十一年（1388）、明永乐元年（1402）和明永乐十五年（1417）。"对于世代耕耘的山西农民而言，告别父老，离开故土，走上坎坷漫长的迁移之路，是一段难以言喻的心酸历程。"① 故土家园的告别，一方面使迁移者心生留恋，埋下了寻根问祖的情结；另一方面留下来的人们更觉故土情深，家园美好。这种发轫于农耕文明，因移民迁移而放大加强的故土情结，使境内境外的山西人形成了难以割断的血脉延续。当代这种家园精神形成了跨区域甚至跨国籍的超强凝聚力。自 1991 年山西洪洞县举办第一届寻根祭祖节活动以来，大槐树寻根已经成为三晋大地、中华民族慎终追远家园精神的象征。

（三）信义担当的忠孝精神

文明源远流长以及激烈的历史冲突，更容易培育辨忠奸、弘正义的道德情怀，这也使山西形成了独特的信义担当的精神。历史事件记载最早见于《左传》，到司马迁《史记·赵世家》有详细记载，经元杂剧《赵氏孤儿》而名声大噪的"赵氏孤儿"的故事，集中彰显了山西讲信义、重担当的精神。这一戏剧讲述了春秋时期由于受到奸臣屠岸贾的陷害，晋国贵族赵氏一族惨遭灭门，幸存下来的赵氏孤儿历经艰险，长大后为赵氏家族复仇的故事。其中程婴、公孙杵臼等人冒死历险、慷慨赴义的忠孝精神感天动地、令人敬仰。《赵氏孤儿》后经伏尔泰翻译成为中国最早传至欧洲的戏曲作品，其讲信义、重担当的忠孝精神也深深打动了西方人，有人称赞这是"来自东方之神"。这种信义担当的忠孝精神在历史传承中，在三晋大地

---

① 安介生. 山西移民史［M］. 太原：山西人民出版社，1999：317.

上又出现了讲信义、重忠孝而被奉为武圣人的关公及其文化传说，以及一门忠烈、慷慨赴国难的杨家将故事，无论是庙堂之高还是江湖之远，这些都是万人称颂的忠孝楷模。体现信义担当忠孝精神的关公和杨门故事，被改编为一出出经典的戏剧曲目在民间广为传唱，深深滋养了一代代的三晋儿女，使讲信义、重担当的忠孝精神在山西代代传承。

（四）以义制利的诚信精神

山西是农耕文明的典型代表，然而在这片土地上走出了富甲一方、汇通天下的山西商人——晋商，他们成了中国金融体系的最早奠基人。晋商之所以能够在"重农抑商"的总体文化氛围中缔造商业传奇，和他们强调"以义制利"的诚信精神密不可分，这也成为晋商的重要文化标志。晋商中的大多数人不一定饱读诗书而有高深的文化修养，但是讲究仁、德、信、义却成为他们共同的文化特征。祁县富商乔致庸把经商之道归纳为"一守信、二讲义、三取利"的原则，并坚持身体力行。晋商普遍把信誉看得高于一切，他们总结出的"售货无诀窍，信誉第一条""宁叫赔折腰，不让客吃亏"的经营信条，虽然朴实但诚信当先。晋商以义制利的诚信精神和精明能干的商业头脑，促成了经商的成功。这种成功自然形成了典型的价值示范，而一座座宏伟的山西晋商大院，无疑又成为晋商诚信精神的纪念丰碑和宣教课堂，信义为先、讲求诚信，在晋商成功的示范下凝结成为山西的区域精神，成为山西工商业界的核心准则。

（五）不畏艰险的开拓精神

山西地处内陆，东西皆有山脉蜿蜒，境内也是山峦重叠，故世称"表里山河"。但是山西相对封闭的地貌，不但没有约束山西人的视野，反而砥砺了他们不畏艰险的开拓精神。晋商足迹遍及全国各地，并远至蒙古、俄罗斯，其间艰险重重。仅以茶叶贸易为例，水陆辗转数省，翻越千山万水，由福建武夷抵达山西，再穿过朔漠大荒、戈壁流沙，才能抵达贸易地点恰克图。一路气候恶劣、土匪横行。但是晋商凭借不畏艰险的开拓精神，打通了纵横万里的商业通道。更能体现出山西不畏艰险开拓精神的是清中期以来的移民潮——"走西口"。清朝乾隆时期，人口数量首次突破三亿。由于人口的大量增长，耕地紧张问题日益严重。大量内地贫民迫于生活压力形成移民浪潮，这是以谋生为目的的非官方行为。历史上山西北部自然条件非常恶劣，一方面土地非常贫瘠，另一方面天灾不断，自然灾害频繁。这种情形之下，到口外谋生成为晋西北很多人的无奈选择。时人传唱"河曲保德州，十年九不收，男人走口外，女人挖野菜"，成千上万的山西老百姓进入归化城、土默特、察哈尔和鄂尔多斯等地谋生。山西人持续数十年的"走西口"既是一部辛酸的移民史，更是一部艰苦奋斗的创业史。山西移民给内蒙古中西部带去了先进的农耕文化，使处于落后游牧状态的当地的整个文化风貌发生了根本的改变。这一时期作为移民主体的山西移民，用自己的勤劳和智慧，艰苦创业，促进了内蒙古地区的开发，为各民族的繁荣发展做出了极大的贡献。可以毫不夸张地说，正是山西不畏艰险的开拓精神，鼓舞着山西人西出口外，促进了蒙古地区经济社会的发展，为中华民族的共同发展做出了重要的历史贡献。

漫长历史发展进程中，在山西这块土地上生生不息的先祖们，在共同的社会、经济、文化生活中，形成了特色鲜明的区域精神。考察这些历史传统中形成的区域精神，可以发现这些精神虽然自发形成，但在社会历史发展中，却逐渐成为最稳定的文化基因代代相承，极大地塑造了山西人的精神风貌，奠定了三晋大地的文化基石，引领山西人不断跨过历史的急流险滩，演绎了地区文明发展的辉煌，为中华文明不断注入汨汨活流。

二、革命战争时期的区域精神塑造

山西是一块拥有悠久革命传统的土地。无论是作为辛亥革命首先响应武昌起义的几个省份之一，还是中国共产党早期革命活动的北方重镇，山西始终走在革命前列，涌现出无数的仁人志士，显现出坚毅的革命精神。在全民族浴血抗战的烽火硝烟中，山西更是作为中共敌后抗日的主战场，八路军总部长期驻守在太行山上，领导抗日军民艰苦奋斗、保家卫国，孕育了被誉为"抗战民族魂"的太行精神。太行精神既是这一时期山西区域精神的集中代表，更加上升为中华民族威武不屈的革命斗争精神，"产生、成长于太行抗日根据地的太行精神，把中国革命精神提升到一个新的境界，是具有时代特色的民族精神。"①

抗日战争时期，中国共产党建立的重要根据地中，太行根据地具有极其重要的意义。这里是中共中央北方局和八路军总部所在地，是中国共产党领导抗战的前线指挥部。因而太行根据地的建立，奠定了中国抗日战争走向胜利的重要基石。1937 年 7 月卢沟桥事变后，北方的大城市如北平、天津相继失陷，日军集结 20 万兵力沿平汉、津浦、正太、平绥各铁路线大举进犯中国国土，发动了全面侵华战争。在民族危机面前，中共中央于 1937 年 8 月在陕北洛川召开政治局会议，成立了以毛泽东同志为主席的中共中央军委。随之中央军委宣布中国工农红军第一、二、四方面军和陕北工农红军等部改编为国民革命军第八路军，开赴抗战最前线。此时日本侵略军疯狂进攻，而国民党军正节节败退，中华民族处在生死存亡的危难时刻，八路军迎难而上，不惧艰险，挺进敌后，创建了太行抗日民主根据

---

① 张民省. 论太行精神的历史地位［J］. 理论探索，2011（4）：5－7.

地。太行地区成为中国人民抗日战争的主战场之一，太行军民万众一心、众志成城、同仇敌忾、共赴国难。在民族危亡的关键时刻，中国共产党人领导太行儿女展现的伟大的太行精神，集中表现为自强不息的斗争精神、艰苦奋斗的创业精神、不怕牺牲的奉献精神和敢为人先的进取精神。

（一）自强不息的斗争精神

在日军残酷的进攻下，大片国土沦陷。在严酷的抗战考验中，太行人民表现出了大无畏的英雄气概和高尚的爱国主义精神，他们以游击战争为最生动的形式在中国共产党的领导或影响下与日伪军拼杀，展现出中华民族亘古不变的自强不息的斗争精神。"母亲叫儿打东洋，妻子送郎上战场"，这是当年太行根据地人民为抗日救国而踊跃参军参战的真实写照。"仅太行根据地腹心地区的人民就先后把117573名优秀子弟送进部队。129师就是在这里由9000余人发展到近30万人。"① 八路军广大将士不怕牺牲，英勇作战，在与凶残的日军进行的无数次激烈的战斗中，涌现出许多惊天动地、催人泪下的英雄事迹：在保卫八路军兵工厂的黄崖洞保卫战中，八路军129师以劣势装备和弱势兵力抗击了4000多名装备精良的日军的疯狂进攻，持续血战整整八个昼夜，八路军战士坚守的阵地遭到了敌人炮火地毯式的轰击，350多名八路军战士光荣牺牲，但是日军未能前进一步；在驻晋日军发动的夏季"扫荡"中，八路军副总参谋长左权临危受命，沉着应对，指挥部队分路突围，在指挥八路军总部机关突围时，不幸头部中弹，壮烈殉国；在太行抗日根据地的奠基战——长乐之战中，129师776团团长光荣殉国，年仅25岁……面对民族危亡，太行人民所展现的自强不息的斗争精神，既诠释了中

---

① 张民省. 太行精神：抗战烽火铸就民族魂［J］. 党史文汇，2005（10）：19 - 21.

华民族威武不能屈的民族气节，也为民族精神注入了时代内涵，更成为永远屹立在三晋大地上的精神丰碑。

（二）艰苦奋斗的创业精神

太行山根据地长期受到日伪军封锁、扫荡，斗争条件异常艰苦。尤其是从 1942 年到 1943 年，由于遇到持续旱灾，太行山根据地出现了严重的蝗虫灾害，各种传染疾病蔓延，根据地人口数量大量减少。百团大战后日军加紧封锁围困，对根据地进行疯狂抢掠，太行山根据地部队和群众面临着前所未有的困难。面临严酷的斗争形势，面对巨大的自然灾害，八路军全体将士，从总司令、各级首长到普通战士，与地方干部和根据地普通的老百姓，同心协力、共渡难关。太行根据地军民没有粮食自己种，没有衣物自己织，没有水源自己挖，没有蔬菜自己种。八路军总部在艰难的情势之下，把减轻根据地人民的经济负担作为重要目标。为此八路军主力部队和各政府机关实行精兵简政，减轻根据地人民的经济负担，并开展大规模的"生产自救"运动，实行合理减轻负担、减租减息、救济贷款生产、厉行节约政策，开展整顿村级财政、肃清贪污浪费、发展集市贸易等运动和工作，调动了根据地军民劳动生产和经济建设的积极性，极大地改善了太行根据地的严重困难局面。太行根据地政府鼓励号召开展生产度荒运动，想方设法推进农业生产发展，根据地全体人民群众都被动员起来加入到生产自救运动中，一方面通过植树造林，兴修水利，改进农业生产的基础设施，另一方面通过改良耕作方法，开垦荒地，努力提高粮食产量。通过生产自救运动，增加了农业和其他产业的产量，从根本上改善了根据地的物质生活，为抗战胜利奠定了物质基础。艰苦奋斗的创业精神，使太行军民创造了一个奇迹。正如邓小平在《太行区的经济建设》一文中所指出的："敌后抗战是一个极复杂、极艰难的斗争，我们已经胜利地度过了整整的六年，并且已经奠定了继续坚持争取胜利的基础。以八路军这样窳劣的武器，四年来没有得到一个铜板、一颗子弹的接济，而能战胜各种困难，与强大的敌人进行短兵相接的斗争，这不能不说是一个奇迹。"①

（三）不怕牺牲的奉献精神

严峻的斗争培育了太行山人民不怕牺牲的奉献精神。面对敌强我弱、物资匮乏的困难局面，英勇不屈的太行根据地人民克服难以想象的困难，自己节衣缩食，为前线的八路军子弟兵源源不断地提供了大量粮食、弹药等军需物资，成为最坚固的抗日基础。太行山根据地的人民群众为夺取抗日战争的胜利无私奉献，付出了重大的牺牲。"抗日战争中，中国共产党领导的革命军队在战争中做出了极大牺牲，八路军对日作战共计 10 万余次，歼灭日伪军 125 万余人，34 万将士血洒疆场。而在太行山根据地的土地上，牺牲的指战员就有 107200 人。"② 以八路军总部所在的武乡县为例，"全县共有人口 14 万，就有 9 万多人参加了各种抗日团体，14300 名优秀儿女参加了八路军，5300 名干部随军南下北上，3200 名烈士为国捐躯，2 万多名干部群众壮烈殉难，被晋冀鲁豫根据地誉为'抗日模范县'"。③正是这种不怕牺牲的奉献精神，使太行山根据地形成了党领导下的全民抗战合力，众志成城，奠定了抗战胜利的坚实基础。不怕牺牲、勇于奉献是山西人民在民族危亡之际发出的时代强音。

（四）敢为人先的进取精神

太行山根据地地处贫瘠、封闭、落后的太行山中，为了适应抗

---

① 邓小平文选（第 1 卷）［M］.北京：人民出版社，1994：77.

② 张民省.太行精神：抗战烽火铸就民族魂［J］.党史文汇，2005（10）：19 - 21.

③ 张民省.太行精神：抗战烽火铸就民族魂［J］.党史文汇，2005（10）：19 - 21.

日斗争的需要，形成全民抗战的洪流。中国共产党领导人民群众，经过一次又一次大刀阔斧的政治、经济改革，创造出了一个又一个巨大的奇迹，太行山根据地的山区农民祖辈分散居住，长期贫穷，几乎没有文化，但是在中国共产党的抗日政策下被成功地组织了起来，政治上建立起了各级抗日民主政权，经济上不断发展生产，以自觉积极的态度支持八路军领导的抗日战争。从 1937 年至 1940 年仅仅三年时间，通过发动和依靠群众，太行根据地逐步完成了改造旧政权的任务。随之在 1940 年 8 月明确提出了"彻底实现民主政治，建立廉洁政府"的施政纲领，并在根据地的腹心地区进行了村选运动。1941 年 3 月，邓小平在中共中央委托下，提出按照"三三制"的原则成立晋冀豫边区临时参议会，同年 8 月在辽县召开了由各级政权民主选举的 133 名参议员参加的边区临时参议会第一次会议，标志着晋冀鲁豫边区政府宣告成立。以此为契机，太行山根据地普遍建立起"三三制"民主政权。中国共产党的民主政治主张变为现实，民主政权建设遍地开花，人民群众在民主和当家做主的过程中，政治觉悟得到了极大提高。与此同时，党的抗日统一战线政策在太行山根据地也充分运用，山西牺牲救国同盟会就是太行山根据地运用统一战线方针的成功典范。"在抗日战争爆发的最初四年中，牺盟会发展会员 300 多万人，培养各级干部 3000 余人，总兵力 7 万余人，在大约 70 个县组建地方抗日武装，大力开展游击战争，为在山西执行党的全面抗战路线和八路军主力部队开赴山西战场，创造了极为有利的条件。"①

以形成于抗日烽火中的太行精神为代表，不怕牺牲、甘于奉献成为革命战争年代的山西区域精神的主旋律，而山西贫瘠落后的地

---

① 行龙. 太行精神永存［N］. 山西日报，2005 - 4 - 14.

域区貌，又使艰苦奋斗、自强创业也成为区域精神不可或缺的基本内涵之一。

考察这一时期区域精神的塑造，可以看到三个明显的特征：第一，区域精神塑造紧紧扣住了时代的脉搏，回应了时代的要求，喊出了人民的心声；第二，中国共产党及其领导的武装力量在区域精神塑造中发挥了主导性的领导作用，党的抗战方针政策与区域精神塑造有机结合，获得了最广泛的认同，凝聚了人民群众抗战的激情；第三，人民群众以自己的身体力行成为区域精神塑造的主体，在区域精神的培育、展现与践行等环节发挥着举足轻重的作用，区域精神塑造的人民主体性得到了充分的展现。这三个方面也使太行精神成为山西抗战的旗帜，全国抗战的灵魂，也使太行精神穿越历史时空而历久弥新，成为永远的精神丰碑。

三、新中国成立后到改革开放前的区域精神塑造

新中国成立以后，山西迅速汇入到全国上下社会主义建设的洪流之中，各条战线上都涌现出一批批劳动模范，在他们身上折射出新的山西精神。山西相对落后的经济使农业生产成为重头，贫瘠恶劣的自然地貌与一穷二白的生产底子，与这一时期国家发展的整体状况基本相同，因而山西人在这一时期艰苦朴素的精神操守和战天斗地的精神风貌，与国家需求的精神取向高度一致。国家意识形态的高度介入，以及党政部门的强力推动，成为这一时期山西区域精神塑造的基本特征。这一时期形成的西沟精神、石圪节精神等都具有这一特征，而其中大寨精神则无疑是最典型的代表。

大寨村地处黄土高原的土石山区，地理环境和气候条件极其恶劣。经年累月的风雨侵蚀，使大寨形成了"七沟八梁一面坡"的特殊地貌。由于耕地稀少，气候条件差，再加之经常发生洪涝灾害和

泥石流，大寨农民生活非常艰难。新中国成立前大寨用"三穷三多"描述自身生活："三穷"就是人穷、地穷、村子穷；"三多"就是讨吃要饭的多、卖儿女的多、寻死的多。大寨人的居住条件非常差，很多人就居住在山沟两边土坡上的土窑洞洞里，只有少数一部分人能用砖或石头砌窑洞。新中国成立以后，在基层党组织的坚强领导下，大寨人决心向贫瘠的土地宣战。在党支部书记陈永贵的率领下，大寨人发挥集体的智慧与力量，先后治理了白骑沟、赵背略沟、后底沟，三次治理狼窝掌，改造穷山恶水。大寨人在狼窝掌建弓形田，平整土地，减少洪水的侵蚀。大寨人民发扬不惧困难、奋发图强的精神，在党组织的坚强领导下，艰苦奋斗，自力更生，彻底改变了当地落后的面貌。尤其难能可贵的是，在大寨发展过程中遇到严重的自然灾害困难面前，大寨人不等不靠，生产自救，应该承担的国家义务不打折扣圆满完成。

必须看到，大寨作为先进典型，是在特殊历史时期和特殊的自然条件下产生的。当时山西省委通过对大寨人民改天换地、艰苦奋斗的分析，将大寨精神归纳为两条基本经验：一是发扬自力更生、艰苦奋斗的精神，实施农田基本建设，利用先进的科学改善落后的农业生产条件；二是在党支部的领导下，团结广大群众，依靠集体的智慧和力量，战胜困难。因此大寨基本还是一个农业生产上的典型，一个自力更生、艰苦奋斗精神的典型，全省农业学大寨运动基本没有超出这一范围。1965年1月，中共中央公布《农村社会主义教育运动中目前提出的一些问题》（即《二十三条》），阶级斗争的理论进一步升级。大寨作为一个先进典型，也开展了这一系列工作，以求在政治方面也赶上形势，作出表率。大寨精神又重新被概括为"一条红线，五个要点"，一条红线，就是毛泽东思想挂帅、总路线挂帅；五个要点，就是一有社会主义、共产主义的远大理想；二有爱憎分明、一心向党的坚定立场；三有自力更生，奋发图强的坚强意志；四有藐视困难、改天换地的英雄气概；五有以国为怀、助人为乐的高尚风格。政治意识形态成为主导。其后大寨精神在"文化大革命"期间发生明显偏移，由于大寨本身的局限性和历史的原因，大寨精神成为政治斗争的工具，塑造大寨精神即大批修正主义、大批资本主义、大干社会主义，并将这一主张通过全国范围的农业学大寨运动传播开来。这就使得农业学大寨运动出现了严重的"左"倾错误，与起初的大寨精神背道而驰。但也不可否认，大寨首先是农业生产方面的先进典型，曾为改变山西农业的落后面貌做出了重大贡献。总之，"20 世纪 60 年代大寨精神始终坚持了自力更生、艰苦奋斗，顾全大局，爱国家、爱集体这些正确的原则，具有浓厚的政治色彩的政治挂帅，思想领先，用毛泽东思想武装干部和群众在当时也是正确的。但片面夸大大寨精神的政治作用，特别是对阶级斗争的片面化强调，最后导致了'左'倾错误的出现"。①

　　考察这一时期以大寨精神为典型的山西区域精神塑造，客观来讲这些精神的提炼、表述，都反映了山西人民在相对落后的自然、社会条件下，努力进行社会主义建设的豪情，鼓舞了人们的干劲。但也要看到之后由于主导意识形态的过多介入，过度拔高，又或多或少地成为某种意识形态的代言人。这种偏离使人们对其认同度自然下降，随着"文革"结束开始对极左思想的反思批判，这一时期所塑造的山西精神也受到质疑和反对。单纯就区域精神塑造而言，可以看到出现了一个明显的断裂，即人民群众所展现的精神风貌，在政治需求导向下，被一定时期的主流意识形态所拔高阐释而上升为国家层面的精神导向。在这一拔高过程中，区域精神的区域本土

---

　　① 王家进. 浅析二十世纪六十年代山西省委对大寨精神的总结 [J]. 中共党史研究，2010（11）：99－103.

特性被彻底改造，丧失了区域的关联性，人民群众的塑造主体地位明显旁落，一种形成于民间的区域精神转变为政治口号，区域精神鲜活的生命力窒息于僵硬的政治宣传之中，区域精神的应有功能也基本丧失。特定历史时期的区域精神塑造尽管有其特殊性，但是其所折射的基本规律值得我们重视，特别是一定要防范发生在区域精神塑造过程中的本土特性与提炼概括之间的人为断裂，区域精神塑造与国家意识形态的灌输之间需要把握准确的标尺，混同的结果可能导致有意无意的移花接木，最终适得其反。

四、改革开放以来的区域精神塑造

改革开放推动了经济社会的发展，更使人们的精神观念发生了重大的变化。区域精神塑造进入了一个全新的时代。山西在区域精神塑造过程中，受到改革开放经济社会变迁的影响，主导因素发生了很大的变化，和其他地区一样，地区经济发展战略在文化层面上的表述，成为区域精神塑造的重要来源。同时受到山西厚重文化的影响，特别是长期形成的"红色革命文化"依然影响着区域精神塑造，是与主导意识形态联系的契合点。这一时期区域精神塑造具有三方面的特征。

（一）传统精神在新时代的弘扬

新中国成立以后山西形成了具有全国影响的区域精神，尽管受到政治意识形态的过多影响而表现出政治符号化的特征，但是在艰难条件下努力奋斗所形成的强调艰苦朴素、自力更生的精神内核，在新的时代依然有着现实意义。特别是地处内陆的区位特点和相对落后的经济发展水平，使山西在改革开放的激烈竞争当中，始终扮演着一个奋力赶超者的角色。在这种情况下如何砥砺自身的奋斗精神应对各领域的竞争，向何处挖掘精神资源等问题，是区域精神塑造所必须解决的。向内挖掘、向历史挖掘成为必然的选择，传统精神，尤其是革命和建设时期所形成的精神传统就成为新的历史条件下区域精神塑造的重要资源。山西在弘扬传统、重塑区域精神的过程中，主要是采取两种方式。一是直接对重要的传统区域精神，如全国闻名的大寨精神、西沟精神等进行重新开掘阐释，寻求其与现代的契合之处，因此在这些传统精神里，不但有艰苦朴素、自力更生的传统理念，更有了注重民生、开拓创新的时代内涵。这些精神财富在山西始终具有的引领意义，而不仅仅是作为一种精神遗产存在。二是树立和宣传新的典型，这些典型形象是山西传统精神的时代表现，如李双良精神、赵雪娥精神、太旧精神等。以太旧精神为例，这是山西在 20 世纪 90 年代初塑造的典型精神。太旧高速公路全长 144 公里，西起省会太原，东至阳泉的旧关。作为山西第一条全封闭、全立交高等级公路，太旧高速公路的建成通车，使山西省内的公路交通实现了与河北、北京、天津公路网的连接，提供了经济联动的交通枢纽，为山西融入环渤海经济圈创造了便利的条件，改善了山西不利的经济地理区位环境，产生了极为明显的经济和社会综合效益，被誉为山西的开放路、致富路、希望路。这条公路修筑中，山西面临着资金、技术等制约，但是山西依靠自己克服了一系列困难，终于修通了这条公路。在此过程中所塑造的"自力更生、艰苦奋斗、不屈不挠、勇于奉献"的"太旧精神"，上接传统，下应时代，成为一个时期山西的精神引领。

（二）地方发展战略目标的文化表达

毋庸置疑，改革开放充分激发了各地的发展活力。发展的现实差距又必然引发各地的竞争，尤其是在引进外资和技术的争夺之中，不仅各省市之间，甚至山西的各市县之间，竞争呈现白热化。加之市场经济发展早期政府在经济中的主导地位，更使得区域之间的竞争成为地方经济成功发展的重要因素。"在区域竞争中，地方政府最卓著的贡献在于他们充分利用了中国的领土面积和人口密度。政府的行为将中国的地域优势转化为极高的工业化速度。当中国大陆所有的地方政府沿着这种方式发展地方经济时，无数不同的经济实验在同一时刻进行，多级政府之间相互竞争。广泛的竞争让试错学习的时间大大缩短，优秀的经济发展方式得以迅速扩散。地域之间的竞争不仅发生在要素市场和产品市场，例如，在90年代中期变得极具流动性的资本劳动力市场，而且也在其他多个方面，包括地方公共物品、重构政企关系以及就地组织生产。"① 同时愈演愈烈的区域竞争，又使各区域不断推陈出新，以使自身能在竞争中保持优势，"在区域竞争中，为争夺资本投资，地方政府可谓煞费苦心。它们往往会尽心打造良好的地方基础设施和商业环境以谋求商界投资的青睐，从而增加工作岗位，创造税收，并拉动地方经济的发展"。② 正是在这一背景下，与经济发展的高速同步，各区域开始打造自身的一体化发展方略，从拼硬件转向拼软件，不断提升以区域精神为核心的区域文化，并将其作为区域软实力的核心。区域精神塑造与区域发展战略产生了紧密关联，实现区域发展战略目标的精神文化表达，是区域精神塑造面临的新课题。但是令人遗憾的是，这一课题并没有能够有效完成，尤其一些市县把发展战略表述成为什么"几个一"或"一二三四五"之类的口号就结束了，远没有达到精神文化层次，最终蜕变成为地方政府报告中的惯用语言，而大多数人则不知其所云。

---

① ［英］罗纳德·哈里·科斯. 变革中国［M］. 王宁译. 北京：中信出版社，2014：193－194.
② ［英］罗纳德·哈里·科斯. 变革中国［M］. 王宁译. 北京：中信出版社，2014：193－194.

（三）社会文化发展的努力回应

改革开放和市场经济的发展在给经济带来突飞猛进变化的同时，也极大地改变了传统的社会结构体系，影响着人们的文化价值理念。地处内陆的山西同样如此，随着市场化发展程度的加深，每个区域都被纳入市场体系之中，社会由于分化冲突而进入到典型的转型时期。社会转型是"一种社会质变，指社会生活的各个领域、各个层面发生整体性的变革，包括社会的政治结构、经济结构和文化变迁，其实质是传统体制获取现代功能，从一种稳定状态过渡到另一种稳定状态，使传统获得现代性的变迁过程"。① 在这一过程当中，迫切需要一种能够形成广泛认同的精神基础，引领社会价值，规范社会行为，消弭社会冲突，实现社会整合。正是在这一现实需求下，党的十七届六中全会以来，在推动社会主义文化大发展、大繁荣的国家命题之下，地方文化发展、地方区域精神塑造承担了新的历史使命和任务，对新时期社会文化发展做出回应，引领社会精神导向，是区域精神塑造的必然要求。因而和谐、包容等词汇，在山西各层次区域精神塑造过程中都成为高频热词。

考察改革开放三十多年来山西区域精神塑造的实践，可以看到对于时代的回应性在明显提升，融入日常生活、打造地方形象、引领时代发展，成为区域精神塑造的自觉选择。同时山西厚重的历史和红色传统资源，又使山西在区域精神塑造中依然保持着历史底蕴，这也成为山西区域精神塑造的特征之一。

---

① 陈国庆，陈勇. 中国现代社会转型研究［M］. 西安：陕西人民出版社，2009：1.

第二节　新时期山西省区域精神塑造的特点

区域精神的塑造在山西省尽管不具有科学完备性，但从区域精神的提炼、培育、弘扬和践行等方面分析，仍然在一定程度上具有代表性和示范性。从产生范围和层面分析，全省从省级层面到村级层面，都可以找到区域精神的足迹，社会各界对区域精神塑造的重视程度相对较高；从提炼培育方面来分析，全省和11个设区的市共有12个区域，其中有9个区域已经明确提出了自己的区域精神，2个区域正在广泛征集过程中，比例高达91.7%，只有1个区域没有提出也没有征集（见附录B）；从弘扬践行方面分析，省市县乡村和社区企业等都采用不同形式对区域精神进行了广泛深入的宣传、教育和弘扬、践行活动，许多地方都制订了具体详细的实施方案或行动计划，区域精神对当地经济发展和社会和谐稳定产生的积极影响也不容质疑。总体上看，山西省区域精神塑造呈现出以下五个主要特点：

一、区域精神塑造内涵的深刻性

山西省区域精神所容纳和包含的实质性内容，可以说内涵十分深刻，其所昭示的启迪性经验也具有一定的代表性和示范性。大寨精神是特定历史时期的产物，但它的价值并没有随历史的流逝而淡化，反而在当今"中国梦"的大背景下凸显其价值意义。原因在于大寨精神的核心价值是中华民族传统的优秀文化与当时中国特有的历史现实相结合的产物，是中华民族传统精神在新时代的传承与创新，其所蕴含的丰富内涵和深刻启示也是显而易见的。

（一）艰苦奋斗不服输，自力更生的战斗精神

1963 年，大寨遭受了一场十分罕见的自然灾害，让本就贫穷的小山村更加困难，然而这场灾难并没有压弯大寨人的脊梁，在极其艰苦的条件下他们毅然将国家提供的救济款和救济物资退了回去，并提出"一不向国家要钱，二不向国家要物资，三不向国家要粮食"①。同时，在特大自然灾害面前他们并没有放弃对美好生活的追求，而是以顽强斗争的精神重新投入新的建设和生产之中，这是老一辈大寨人对自力更生、艰苦奋斗精神的最好诠释。

到了 20 世纪 90 年代，大寨经历了一系列的风风雨雨之后，总体发展又有了新的挑战。郭凤莲重返大寨兼任村党支部书记后，直面大寨在改革开放之后经济发展上的差距，积极领会贯彻党中央的精神和政策，依托自身实际情况再次探索大寨的发展之路，带领大寨人解放思想，转变观念，凭着艰苦奋斗不服输、自力更生的战斗精神，积极引进和发展新兴产业，"大寨在巩固和加强农业基础的同时，发展了煤炭、旅游、建材、农副产品加工等多种产业，特别是充分利用特有的人文景观和自然景观，建成了融生态风景、红色文化、民俗风情、疗养健身、休闲度假为一体的国家级森林公园，大寨逐步走上了富裕之路"②。

（二）勇于开拓敢创新，开拓创新的拼搏精神

大寨的崛起，大寨的发展，无不展现着勇于开拓、锐意进取、敢于拼搏创新的精神。当年，那个"三天无雨苗发黄，下点急雨地冲光"的山西太行山区的落后村庄在陈永贵的带领下，利用冬季农闲时间，通过开山凿坡、从山下担土到石山上造田，修造梯田、在

---

① 郭书宁. 大寨精神的现实意义［J］. 先锋队，2012（16）：12 - 14.
② 郭书宁. 大寨精神的现实意义［J］. 先锋队，2012（16）：12 - 14.

山顶上开辟蓄水池等辛勤的劳动，在七沟八梁一面坡上建设层层梯田，并通过艰巨劳动引水浇地，改变了生态恶劣、贫穷落后、靠天吃饭的自然状况。全村约800亩土地在山坡上切割成4700余块，缺肥又缺水，但大寨在没有水浇、电力和机耕的条件下，粮食亩产量从1952年的237斤增加到1962年的774斤。50年代的单产，70年代的喷灌，大寨人步步创新，在当时全国，乃至美国人都赞叹不已。正是凭着敢于开拓创新的拼搏精神，大寨人60年代在虎头山上树起了全国农业的一面旗帜。

　　勇于开拓、锐意进取、敢于创新拼搏不等于随心所欲、一时冲动，而是与现实不断契合的过程。当大寨沉寂在改革的大潮中时，大寨人并没有停止创新的脚步。一是破除原有的运营模式，整合资源。而今，大寨已经成为30多种商品的品牌，大寨牌核桃露、衬衫、铝塑管、黄金饼、金鹿酒等产品纷纷走出娘子关，行销全国。充分利用大寨在农业合作运动中积累的无形资产，相继建成了陈永贵墓、大寨纪念馆、郭沫若诗碑、梅花鹿场、六个纪念观亭，开放了陈永贵故居、周恩来住址等，开发旅游项目，发展旅游产业。二是打破旧有的思维模式，顺应时代发展潮流。而今，大寨已经由农业为主的村落转变成一个融生态农业、煤炭、建材、针织、制衣、酿造、贸易、旅游八大支柱产业为一体的经济体。全村森林覆盖率达到70%以上，成为全国造林绿化"千佳村"之一。2005年全村500余人，实现总产值近1.2亿元，农民人均纯收入约5500元。①2013年，大寨村集体经济总收入达4.6亿元，人均纯收入1.7万元，实现了历史性的重大突破。当然，和工业化的大邱庄、华西村相比较，大寨还有相当的差距。然而由一个纯粹的集体农业经济体发展

---

① 湖南人文科技学院. 解放思想艰苦奋斗大寨在改革创新中发展壮大[J/OL]. ht-tp://www.hnrku.net.cn/sxzzb/news_view.asp? newsid=137.

成为一个现代化的经济体，大寨在改革的道路上焕发出了勃勃生机。

（三）以人为本利人民，心系群众的人本精神

大寨的建设和发展离不开大寨人的不懈努力和奋斗，而大寨的建设和发展也无不体现着对大寨人的人文关怀。1953 年，当大寨遭遇罕见的大灾难时，村民们没有了房屋和粮食，基本的生存问题都很难保障，而在此艰难时刻，他们并没有接受国家救济，而是凭借自身的力量，经过十年努力，不仅解决了自己的温饱问题，而且每年给国家上缴余粮 10 多万公斤。

进入新的历史时期，在我国大力推进社会主义新农村建设的历史机遇中，大寨在建设过程中更加注重"以人为本"，坚持把人民利益放在首位。新农村建设的主力军是农民，主要靠亿万农民群众自身的努力和奋斗。大寨的建设也正朝着着力民生、共同富裕这一方向努力。水可载舟亦可覆舟，人民群众的利益任何时候都不容轻视，"以人为本"不仅仅是简单的口号，更要切实地落实在具体工作中。近年来，随着大寨集体经济实力的不断增强，他们把"改善民生、提高群众生活水平"作为有限资金的重点支出方向，现在大寨的"五有"政策即"小有教、老有靠、烧有包、病有报、考有奖"就是对"以人为本"理念的坚定贯彻落实。

二、区域精神塑造层次的分明性

区域精神是在地区长期的发展、历史的沉积和未来的期盼中形成的。从当前看，山西省全省和 11 个设区的市共有 12 个区域，其中有 9 个区域已经明确提出了自己的区域精神，2 个区域正在广泛征集，比例高达 91.7%（见附录 B）。从山西省县级地域来看，不完全统计的 119 个县级县区市中共有 37 个提出培育提炼或已经进行征集表述语活动，塑造区域精神的比例约为 31.1%。从全省域范围的区

域精神到村级层面的区域精神在山西省都有展现。从历史发展和客观需要的角度分析，山西省区域精神塑造的层次非常分明，成果也非常丰硕，各个层面的区域精神在发挥其功能和作用方面所彰显出的正能量也是有目共睹的。作为一个地方的标志性底蕴和灵魂形象，区域精神在很大程度上影响甚至是决定着一个地区的现实和未来。平顺县西沟村的西沟精神，集中展示了西沟村人民群众对中国共产党本质属性的坚守和品质特征的弘扬，这是在以李顺达、申纪兰为班长的带领下，在坚定不移沿着社会主义道路前进过程中，形成的以自力更生、艰苦奋斗、爱党爱国、刚正无私、创新探索、乐于奉献为核心理念的村级区域精神。这种精神在当时是积极进取、奋发向上的，在今天也是必须继承和发扬的。

区域精神具有强烈的凝聚力和规范性，能够产生强大的内生驱动力，提升区域范围的竞争力和软实力。太原是山西的省会城市，率先发展是太原市建设一流省会城市的基本定位，区域精神建设也是太原实现文化强市的内核和要素。太原精神的表述语是"包容、尚德、崇法、诚信、卓越"，它全面昭示了太原人民多元和谐、海纳百川的开放胸怀，体现为重礼守节、向善厚德的城市品格，表现在敬仰法律、公平公正的文明风范，突出着诚实重义、守信践诺的人文情怀，彰显出敢为人先、争创一流的奋斗精神。也正是这种共同的价值取向，才能对内凝聚力量、规范行为，对外树立形象、提振声誉，从而为加快实现转型发展创新发展创造良好的精神和文化环境。

三、区域精神塑造形式的多样性

理论只有在实践中才能不断丰富完善，实践才是检验真理的唯一标准，只有把理论与实践有机结合并统一起来，才能实现理论的升华和实践的创新。山西省区域精神的塑造再一次证明了这样的基本论点，其弘扬践行的多样形式和持续深入已经在实践中取得明显成效，多样化的形式必然诞生多级化的上下联动，必将产生多元化的受众群体，而持续深入的弘扬践行必将产生久久为功的时代张力，形成利在千秋的丰功伟绩。山西省朔州市的朔州精神经历过三次的提炼与锻造，每次都包含着深刻的理论内涵和时代特征，在不同的历史阶段产生并发挥了积极的作用，2008 年培育的新朔州精神的表述语是"豪爽大气、海纳百川、百折不挠、奋力赶超"，其蕴含的精神实质和科学本质具有一定的代表性。在弘扬践行新朔州精神的过程中，当地党委政府构建多种载体、运用各类平台，挖掘弘扬渠道，创新宣传方式，多次掀起新高潮。一是强化宣传，积极扩大影响。充分利用广播电视、手机网络、报纸杂志、标语牌匾、乡土教材等各种宣传媒介，采取开辟专栏、举办报告会、生活会、主题会、研讨会等形式，努力推动新朔州精神进机关、进农村、进企业、进学校、进营房，做到家喻户晓。在做好内部宣传的同时，通过邀请全国各类主流媒体记者采风、举办朔州经济建设成就展和新朔州精神专题展、组织市委宣讲队和讲师团赴各地巡回宣讲、组织大型优秀剧目文化演出和文艺汇报演出等多种方式，进一步宣传弘扬新朔州精神的知名度和影响力。二是拓展载体，用好优势资源。充分发挥干部教育基地的作用，发挥好领导干部的带头作用，开展新朔州精神再教育活动。通过领导干部、专家学者和知名人士组织开展专题探究和研讨，利用好各类展馆、纪念馆等建筑设施的实体教育载体，使新朔州精神与时俱进，历久弥新，增强广大干部群众的荣誉感、自豪感和责任感。围绕主题重点创作一批文艺作品、理论文章和专题专著，宣传新朔州精神的理论意义、现实意义和历史意义，不断增强新朔州精神的现实说服力和宣传感染力。三是活动引领，挖掘先进典型。通过组织各类活动，扎实总结各级各部门推进工作的好经验、好做法，选树和挖掘各行各业的先进集体和个人，进一步丰富新朔州精神的群众典型和个人典型，使新朔州精神渗透到各个领域，成为推动朔州经济建设和社会发展的强大动力。重点开展了"爱岗敬业比奉献"主题实践活动，进一步营造了干事创业的良好氛围；结合领导干部下乡住村活动和基层组织建设活动的开展，培育一批党建和践行活动典型；集中开展推选、表彰和奖励活动，对弘扬践行新朔州精神的各类先进进行宣传，形成深厚的社会氛围。四是战略支撑，拓宽发展空间。结合时代发展特征和社会发展实际，及时制订和调整当地经济社会发展总体战略、发展规划和行动计划，把新朔州精神的弘扬践行与促进发展有机结合，形成加快科学发展的强大精神动力。从区域精神塑造的践行方面来看，山西省区域精神塑造过程中专家和群众自发倡议的比例为100%，区域精神践行方案的制定也是100%，重视程度也可以从中体会得到。

四、区域精神塑造特色的鲜明性

坚持以马克思主义、毛泽东思想和中国特色社会主义理论体系为指导，坚持中国共产党的领导，用科学的理论武装全省人民，凝聚起全省人民团结奋进的正能量，历来是山西省委省政府的重大战略部署。无论是在社会主义革命和建设时期，还是社会主义改革和开放阶段，山西都以坚定的政治立场、正确的政治方向、鲜明的政治观点和严明的政治原则，始终把加强社会主义精神文明建设放在更加突出的位置。革命战争年代培育形成的太行精神、吕梁精神，社会主义建设时期培育形成的大寨精神、西沟精神，改革开放时期培育形成的山西精神、右玉精神，都是在各级党委政府的高度重视下，通过人民群众长期坚持不懈的努力，以政治立场的坚定来保证政治路线的实施和政治方向的正确而形成的重大理论成果。

大寨精神的内涵非常丰富，对它的认识和概括有一个逐步总结和深化的过程。虽然在不同的历史时期，对于大寨精神的具体概括有所差别，但大寨精神的核心思想基本是一致的，即坚持党的领导、坚定理性信念，为了梦想自力更生、艰苦奋斗，敢于拼搏、勇于创新，心系群众，以人为本。1962 年，晋中地委首次总结了大寨经验："干部参加生产和领导生产相结合，革命干劲和科学态度相结合，以农田基本建设为中心，运用八字宪法，高速度地发展农业生产。"1963 年 11 月，山西省委用三句话作了高度概括："藐视困难，敢于革命的英雄气概；自力更生，奋发图强的坚强意志；以国为怀，顾全大局的高尚风格。"1964 年 2 月，人民日报社论《用革命精神建设山区的榜样》中提出：要学大寨人远大的革命理想和对未来坚定不移的信心；敢于藐视困难、自力更生、发愤图强的优良作风；以整体为重的共产主义风格；永远向前、并把伟大的革命精神和严格的科学态度相结合。1964 年 12 月，周恩来总理在第三届全国人民代表大会第一次会议上的政府工作报告中，对大寨精神作了如下概括："政治挂帅、思想领先的原则；自力更生、艰苦奋斗的精神；爱国家、爱集体的共产主义风格。"① 随着中国特色社会主义理论和实践的不断探索与推进，周总理的这种概括和总结，至今仍然具有鲜活的生命力和感召力。

五、区域精神塑造底蕴的深厚性

区域精神是建立在一定区域文化基础上的精华与核心，既具有突出的地域特征，也具有深厚的传统文化底蕴。山西是中华民族的

---

① 中共山西省委党校理论研究中心．大寨精神的实质内涵、丰富发展和现实意义［J］．前进，2011（12）：39 - 41.

主要发祥地之一，艰苦奋斗是山西特有的比较政治优势和区域精神文化，在这块黄土地上，山西人民以自己的勤劳俭朴，向天向地向自然界奋斗和进军，创造了灿烂辉煌的古代文明，创造了无与伦比的历史奇迹，创造了与时俱进的现代文化，从很大程度上推进了中华民族的文明发展进步。可以说，每一个辉煌、每一次进步都是那个时代山西人艰苦奋斗的硕果。山西吕梁精神的表述语是"艰苦奋斗、顾全大局、自强不息、勇于创新"。艰苦奋斗就是要始终保持艰苦创业、勇于奋斗、苦干实干的工作作风和精神状态。顾全大局就是要牢固树立全局意识和大局意识，正确处理好国家利益、集体利益和个人利益的关系。自强不息就是要坚决摈弃"安于现状"的消极思想，保持旺盛的发愤图强、励精图治的进取意识。勇于创新就是要深化改革开放，创新体制机制，敢为人先，敢闯敢试，在创新中加快发展，在发展中推进创新。

区域精神在本区域内的高度认同感至关重要。认同产生力量，认同开创奇迹。无论是国家认同、民族认同，还是价值认同、社会认同，都能够发挥团结一致、和谐共进的"稳定器"和"镇静剂"作用。山西临汾精神的表述语是"敢为人先、坚韧不拔、开放包容、勤劳智慧"。"敢为人先"就是思想解放、与时俱进，就是积极向上、争先好胜，就是敢于创新、标新立异，体现的是胆识，是勇气，是执着。"威风锣鼓精神"是典型文化标志，一敲打起来就提神，面对困难不弯腰，敢于对标不落后，遭受挫折不退缩，总想争个一二三。"坚韧不拔"就是咬定目标不放松，遭受挫折不悲观、不等待、不退缩，就是坚强顽强、毅力执着，体现的是锲而不舍的拼搏意志、百折不挠的恒心和奋斗不息的精神。"开放包容"就是兼收并蓄、海纳百川，就是胸怀开阔、行为坦荡，就是豁达乐观、四海为家，体现的是一种时代精神和人文精神，突出了文化的共生共享和相互协调适应。"勤劳智慧"就是勤奋爱动、吃苦耐劳，就崇尚学习、重视教育，体现的是尊重知识、尊重科学的精神。临汾气候四季分明，两个季节无霜期的自然条件形成了与之相适应的人文传统，"耕读之家"的历史人文追求在现实生活中得到客观展现，既靠勤劳和汗水，也靠智慧和科技，用实干巧干科学干的态度和方法，战胜各种困难，创造辉煌未来。山西陵川县锡崖沟村地处太行山之巅，是一个仅有200多户人家、800多口人的小山村，交通闭塞，发展落后，村党支部和全村群众整整30年前仆后继、挖山不止，凿通了一条7.5公里的横跨在悬崖峭壁上的"挂壁"乡村公路，铸就了一座不朽的锡崖沟精神丰碑：坚韧、奉献、务实、开拓，映射出百折不挠、水滴石穿、不惧艰难、实干巧干的精神力量。如果离开人民群众的认同，缺乏人民群众的参与，他们的信念就会动摇，力量就会削弱，进步就会大打折扣。

第三节　区域精神塑造的实践成效

当前，世界内范围思想文化交流交融交锋的较量日趋激烈，改革开放和发展社会主义市场经济条件下的思想意识多元多样多变，凝聚实现中华民族伟大复兴中国梦的强大正能量的任务十分艰巨，区域精神产生形成发展的面临的时代背景和社会语境也在发生着深刻变化。区域精神塑造是一项系统的社会工程，与社会其他领域的建设发展必然形成相互影响和相互促进的互动的历史过程。因此区域精神的塑造，与一个地区的经济建设、民主政治建设、文化建设、社会建设、生态文明建设和党的建设是融为一体的。作为价值引领和精神导向，区域精神塑造的实际成效会体现在区域建设和发展的各个领域，渗透进区域政治、经济、文化、社会建设、生态文明建设和党的建设等各个方面。为这些领域工作的推进创造优良的精神文化支撑。从区域精神塑造的成效来看，主要体现在以下五个方面：

一、促进了经济发展方式转变

区域精神的培育和弘扬，离不开经济建设提供强大的物质基础。区域精神作为社会的意识形式和上层建筑，是由经济基础决定的，脱离物质生产活动的支撑，精神生产活动就无法开展，缺少了高度发展的物质文明，也不会存在高水平的精神文明。具体到我国每个区域，其所面临的困难和问题也各有不同，转变经济发展方式方法的目标和路径也会有所不同。从山西来讲，最主要的就是粗放的生产模式，过高的能源消耗，沉重的环境代价和扭曲的价值观念等，要解决诸如类似问题，离不开正确的区域精神和价值取向的科学指引。这就要求我们高度重视区域精神，在复杂的内外部环境中，始终坚持住自己的精神动力和前进方向。社会主义市场经济是信用经济、法制经济，"山西精神"的表述语是"信义、坚韧、创新、图强"，可以说践行信义精神所倡导的道德体系和制度建设是经济发展的重要力量，坚韧精神是促进经济发展的稀缺力量资源，创新精神是经济发展和社会进步的持续动力，图强精神所追求的价值目标正是全体山西民众的"山西梦"。"信义"即明礼守信、公平正义。诚信代表诚实不欺骗、诚信守承诺，义则代表公正、公平、正义。在发展社会主义市场经济过程中，如果公正性原则被践踏，道德观底线被突破，利益至上，违反规则，市场经济就会趋于混乱。当年以信义著于商界的晋商，就是信义精神最好的见证，正是他们将"信义"熔铸成严谨规范的行业规范和经营守则，才得以创造他们的辉煌成就。同样，"信义"也是现代市场经济的一种社会资源，是完善社会主义市场经济的护航器。无论哪种经济行为，无论哪种交易方式，不管是出于哪种动机，也不管是实现哪种目标，都必须遵循信用正义原则，只有在满足他人利益和社会利益的前提下，才能更好地实现自己的个人利益，最终实现社会经济秩序的稳定好转。"坚韧"是一种品格，是一种稀缺性发展资源，特指人们意志坚定、不屈不挠、坚定韧力，而这正是山西精神的最好诠释。按照宏观经济学原则，"坚韧"正是经济发展中的稀缺性资源，在优胜劣汰的原则下，坚持不放弃，韧性出活力，水滴石穿、坚韧不拔、锲而不舍，才能保持经济发展的持续稳定健康。因此，始终坚守"坚韧"的意志和品格，刚健有为、奋发进取，兼容并包、广收博采，吃苦耐劳、执着无畏，甘于奉献、勇于担当，不达目的、誓不罢休，才能为实现国富民强的目标凝聚起更坚定的精神力量，否则，任何事情都会半途而废，停滞不前，再宏伟的计划和目标也只能是纸上谈兵。"创新"是经济发展和社会进步的持续动力，已经成为全社会的普遍共识。美国经济学家戴维斯和诺思提出，制度创新是能够使创新者获得追加利益的现存制度的变革，技术创新需要与制度创新相结合，制度创新是技术创新的保证，其最终目的都是如何获取和保持核心竞争优势。① 山西正处在全面推进资源型地区转型发展综合配套改革试验区建设、实施重大战略性创新转型跨越的关键时期，从资源驱动到创新驱动，从传统优势到转型优势，先行先试，率先发展，离开自主创新能力的提高，没有观念创新、科技创新、体制创新与经济社会发展的紧密结合，不能发挥创新在转方式、调结构、惠民生、促和谐中的支撑引领作用，一切都无从谈起。只有加快建设核心创

---

① 武小惠. 经济学视野下的山西精神 [N]. 山西日报, 2013 – 7 – 9.

新体系，才能为经济社会发展注入生命之源和不竭动力。"图强"就是奋发有为，发愤图强，追求卓越，这是山西精神的价值目标。从经济学的视角分析，任何经济活动的终极目标都是市场行为的最高选择。无论是经济增长方式的根本转变，还是经济结构的战略性调整，都离不开"图强"的号召力和指引力。图强既提供了价值目标，也提出了实现目标的路径，那就是汇聚正能量。山西发展仍处于可以大有作为的重要战略机遇期，必须要在重要领域和关键环节的改革上迈出实质性步伐，抓住煤炭这个经济龙头，实现煤炭产业的多元发展和延伸发展，顺应人民期待加大社会领域改革力度，从制度安排上保障和改善民生，努力提升基本公共服务水平和均等化程度等，最终实现经济发展、社会和谐、人民富有、生态良好。

二、改进了地方政治文明建设

山西精神是山西政治文化的重要组成部分，是塑造合格现代政治人、推行善政善治必须遵循的政治伦理，是一种核心价值体系支撑下的特殊政治文化。山西省作为一个中部欠发达省份，近年来政治生态环境存在不少问题，反腐败斗争形势严峻复杂，个别领导干部不遵守基本的政治道德、官本位理念严重、不讲政治逻辑，导致腐败现象频发，优化政治生态环境成为山西的当务之急、重中之重。以"信义、坚韧、创新、图强"为基本内容的山西精神，具备了科学性、开放性、进步性等特征，是规范政治行为的有力倡导，是有效推进政治参与的润滑剂，是优化政治生态的"概念股"。"信义、坚韧、创新、图强"是山西各级领导干部必须遵循的政治伦理。在政治生活中，这是一种无形的力量，深刻影响和规范人们的政治行为，是保障公共利益实现最大化的价值准则。无数事实也证明，政治发展如果不与政治伦理有效结合，不能发挥政治伦理对政治行为失范的治理，就不能最终推进政治的现代化，进而到达政治文明的高级阶段。有效政治参与是公民政治参与的现实目标，政治参与程度的提高也是推进政治文化氛围形成的路径，是政治公信力提高的标准，是政治生态优化的标志。"信义、坚韧、创新、图强"对于当代政治行为主体具有引导、塑造和培育的作用。通过弘扬山西精神，"对于政治人中的管理者与公职人员，可以促进其政治素质与政治特征更多表现为服务心理、平等的价值观念、爱岗敬业的道德品格，进而促进政府以正向能量释放与公正的利益分配赢得公众的广泛支持。对于政治人中的普通人，则可以使其政治素质和政治特征更多表现为自强心理、参与意识、秩序意识、宽容精神、争取权益的价值追求、奉公守法的道德品格，进而推动政治决策和政治治理的科学化和合理化。"①

三、推动了社会主义先进文化繁荣发展

先进文化的繁荣发展为坚持和发展中国特色社会主义伟大事业提供精神动力和智力支持。区域精神作为社会主义先进文化建设的重要内容，同样发挥着重要功能。作为社会主义先进文化建设的显性成果，可以更加明确地发挥在引导社会、教育人民的作用，推动地区经济发展和社会进步。大力培育和塑造区域精神是建设现代文明，推动社会主义先进文化发展繁荣的客观要求，是推动区域形成团结奋斗理想信念和进取向上精神状态，最终形成和经济社会科学发展目标相适应的文化动力、文化条件和文化环境的重要途径，可以为当地经济发展社会进步提供强大的精神力量和智力支持。山西精神的形成是一个延续完整的文化脉络，"信义、坚韧、创新、图

①　王秀娟. 政治学视野下的山西精神［N］. 山西日报，2013－6－25.

强"思路清晰，框架完整，站在文化学视野的角度下，其本土性、多样性、传承性、时代性都十分明显。文化是人类创造的一切物质产品和精神产品的总和，涵盖面广、功能性强。山西精神中"信义"蕴含的明礼诚信、舍生取义，"坚韧"所体现的执着、坚韧不拔，"创新"所包含的勇于进取、敢为人先，"图强"所折射的自信自强、追求卓越等，从多个角度、多个视角、多个层面分别展现了山西历史发展过程中的典型文化特征，既具有传统多元性色彩，也具有现代多样性特征，是历史文化底蕴与时代特征要求的内在高度统一，完全符合文化的多极性特征。山西精神之所以是山西的，是由于本土人的身份认同、价值认同和文化认同都得到了集中体现。可以说，山西精神是对山西独特地域、历史沿革和文化习俗等经过整体把握、共性提炼而形成的，具有明显的本土特质、本土意识和本土价值。"本土不仅是人类物质资源和精神资源的生产基地、供给基地，也是物质生产文明和精神生产文明的传播基地、维护基地和塑造基地。"① 山西精神植根于山西的历史文化，具有强烈的文化传承性特征。山西精神的提炼过程是在挖掘、总结、认知和概括山西人文历史精神中进行的。人民群众是社会物质财富的创造者，是社会精神财富的创造者，更是社会变革的决定力量，历史上的帝王将相、才子佳人，朝代更替、风云变幻，革命建设、改革开放都体现出独特的历史和现代文化精神，纵观山西的历史发展进程，正好铸就了一条地域绵长、延续完整的文化脉络，是山西人精神风貌的真实写照与高度升华，"信义、坚韧、创新、图强"正是对五千年历史的准确定位和科学总结。山西精神彰显了创新发展转型发展的本质内核，是社会主义核心价值观的山西表达，是激励山西全面建成小康社会

---

① 朱慧. 文化学视野下的山西精神［N］. 山西日报，2013 – 7 – 30.

的精神旗帜。正是这些带有鲜明时代特征的现实需求和利益诉求，才使山西精神富有了典型的时代性特征，也让其富有了更深厚的群众基础。山西精神从来都不会停滞不前、因循守旧，相反其昭示着日新月异、稳中求变，体现当代、面向未来，必将以巨大的传播力、辐射力和影响力，扩大山西文化领地和精神空间，成为与时代主题同步、与传统文化同源的特质精神。

四、推进了社会主义和谐社会构建

和谐社会建设与人民的幸福安康息息相关。和谐社会的建设离不开共同信守的价值理念和共同遵循的价值导向。和谐山西省建设既是建设山西小康社会的重要目标，也是建设和谐中国的重要组成部分。近年来，和谐山西建设取得了阶段性成果，但受山西经济结构和长期发展不平稳的影响，统筹城乡区域发展的任务仍然很重，城乡居民收入差距较大，农村教育、卫生、文化、科技等事业发展滞后；就业形势依然严峻，群众上学、看病、住房等方面还面临许多困难，社会保障水平还比较低；理顺情绪、化解矛盾、维护稳定还有大量工作要做；基层社会治理特别是农村社会治理还是薄弱环节，存在不少漏洞和死角。"信义、坚韧、创新、图强"是和谐山西建设的基本遵循理念和价值取向。"信义"是解决社会治理创新的基本要求和基本原则，"坚韧"是统筹解决城乡区域发展不平稳问题的关键和动力，"创新"是克服城乡居民收入差距较大，农村教育、卫生、文化、科技等事业发展滞后的必然路径，"图强"则是解决干部宗旨意识和理想信念淡薄、进取精神不足的灵丹妙药。"信义、坚韧、创新、图强"的有效使用，是解决事关群众切身利益突出问题的着力点，是改善民生、促进民和、确保民安的润滑剂，是综合解决改革发展、制度建设、保障救助、社会管理、公共服务等重大社会问题的金钥匙。只要始终坚持弘扬和践行山西精神，和谐山西建设就一定会得到平稳顺利实现。

五、改善了生态文明建设状况

弘扬和践行区域精神必须与生态文明建设结合起来，在建设资源节约型、环境友好型社会，在创建人与人、人与社会、人与自然和谐共生、良性循环、全面发展、持续繁荣过程中，要彰显区域精神的蕴涵和魅力。山西作为我国重要的能源和原材料工业基地，新中国成立六十多年来，累计生产原煤150多亿吨，外调100多亿吨，极大地支持和保障了国家的国民经济和社会发展，但与之相伴而来的则是山西的生态遭到严重破坏，环境受到严重污染，付出了沉重的生态文明代价。煤炭主导产业造成的严重污染与多元发展进程缓慢的结构性矛盾、自然生态环境的极端脆弱与资源型产业可持续发展滞后的现实性困扰、水资源和森林资源的长期匮乏与转型跨越发展艰巨任务的持续性冲突依然存在。因此，加快形成有利于山西节约资源和保护环境的空间格局、产业结构、生产方式、生活方式以及合理完善的体制机制，实现由采掘文明、工业文明向绿色文明、生态文明的根本转变，是山西的重大战略任务之一。"信义、坚韧、创新、图强"的山西精神是推动生态文明建设的基本理念遵循。有始有终地坚持讲信用、讲正义的思想观念、坚韧不拔的工作毅力、开拓创新的精神追求和发愤图强的价值目标，才能推动山西生态文明建设坚持城乡兼顾、重点突破，坚持示范引领、点面结合，坚持多方联动、合力攻坚，坚持远近结合、分类推进，在进一步加快转变经济发展方式、全面优化国土开发利用空间布局、集中精力推进节能减排、加快发展循环经济园区、持续实施山西水生态和绿生态系统保护、不断完善生态文明建设的政策体系、积极培育和树立

"保护生态环境也是政绩"的新理念等七方面取得历史性突破，真正走出一条具有山西特色的生态文明建设新路子。

第四节 山西省区域精神塑造实践的发展趋向

改革开放以来，在新的历史时期，山西区域精神塑造进入了一个新的阶段，在实践发展中形成了自身的特点，也取得了比较显著的成绩。分析山西在新时期区域精神塑造的实践，可以看到几个明显的发展趋向，在一定程度上反映了区域精神塑造的客观规律。

一、塑造内涵：从单一偏重到多元包容

区域精神塑造，核心问题是区域精神的表述，也就是说区域精神的基本内涵。从历史发展的角度来看，山西区域精神塑造在改革开放前，其精神内涵相对而言比较单一，更多地侧重于某一个方面。通过比较分析，可以看到当前的区域精神塑造，在区域精神内涵上更加强调多元性和包容性，集中体现在所涉及的范畴、时间维度等方面。

首先区域精神表述范畴明显多元，以社会主义核心价值观为基准，在经济、社会、文化、政治诸多领域做了提炼，拓展了历史上区域精神相对单一的内涵，获得一定的普遍性意义。明清山西商人的成功，也孕育了一定的历史条件下自觉和不自觉地发扬的特殊精神——晋商精神，其核心一般表述为进取精神、敬业精神和群体精神，这种精神主要针对工商领域、针对当地商人这一群体而提出，确立了晋商的价值行为规范和精神导向。但是其所涉及的领域比较

单一，缺乏普遍性意义的提升。作为晋商发源地和大本营的山西省晋中市，在 2012 年提炼晋中精神时，将"诚信、尽忠、创新、进取"作为基本内涵。对比分析可以发现，这里有明显的晋商精神传统，但是涉及了道德、伦理、创业态度和发展精神等多个方面，并且形成了真正意义上的价值层面的表述，具有了塑造本区域精神形象、引导本区域发展的功能，是当代的区域精神塑造。其次区域精神表述的时间维度有了更大的延伸，既是历史的传承，也有时代的内涵，既是传统的积淀，也有目标的表达，形成了历史与现实、传统与现代在精神表述上的融合。历史上形成的区域精神，无论是太行山精神还是大寨精神，尽管提炼出了值得永远继承和发展的精神传统，但是都具有明显的"历史现时性"，都是在回应特定的时代主题和要求，当代理解和发扬这种精神，都离不开对于历史场景的还原。当代区域精神塑造，这种时间维度得以明显延伸。山西省孝义市在城市精神塑造过程中，提出了"行孝仗义、包容大气"的表述，一方面深深根植于孝义的文化传统，这里广为流传"郑兴割股奉母"和"义虎救樵夫"的忠孝故事传说，行孝仗义表达出对于传统美德的敬意，在此基础上构建家庭、社会的道德准则。"孝义人民重厚知义、善信好文的传统美德在新思想的熏陶下得到了升华，哺育了一批赴汤蹈火、舍己救人的英雄模范人物，续写了孝义新篇章"。① 包容大气则从现代的视角，表达了现代城市发展需求的大度之气、融合精神和广阔胸襟，植根历史面对未来，立足传统走向现代。

二、塑造主体：从党政主导到社会参与

区域精神塑造是一个复杂的系统工程，区域精神塑造必然受到

---

① 孝义县地方志编纂委员会. 孝义县志［M］. 北京：海潮出版社，1992：5.

时代条件的影响和制约。从区域精神塑造的实践来看，最核心的三个环节是实践孕育、概括提炼和弘扬践行。就本质而言，依然贯穿着马克思历史唯物主义"实践—理论—实践"的基本逻辑，这也就决定了人民群众在区域精神塑造中的主体性地位。山西区域精神塑造主体，从党政主导到社会参与的发展，是这一内在规律的体现。

山西区域精神塑造，从新中国成立以来的实践发展来看，党政部门一直是主导性的，社会一般处于被动性的接受地位。除了区域精神塑造的一般要求外，更多地反映了党政意志，在这一过程中，很难防范出现偏差。主要表现就是党政部门所概括的区域精神，偏离了群众实践孕育的现实，最终这种精神表达缺乏最基本的认同而难以再践行，变成空洞的口号。当代区域精神塑造必须还人民主体性地位，党政部门要逐步从主导转变为引导。自从党的十六届六中全会提出"社会主义核心价值体系"命题以来，山西就一直注重凝练本区域的精神，推进社会主义核心价值体系的区域化建构。在此过程中，山西尊重群众的主体地位，发挥人民群众的聪明才智。党政部门更多发挥组织引导的作用。山西省委把征集提炼"山西精神"作为社会主义核心价值体系建设的重要任务，专门成立了征集提炼小组及办公室，并向全社会发出征集提炼的寄语，在全省广泛开展山西精神征集提炼活动。整个征集提炼活动始终坚持群众路线、注重群众参与、吸纳群众的意见、集中群众的智慧，从而最大限度地凝聚社会共识。在形式上采取了广泛征集、集中提炼和沉淀论证的方式，每个阶段环环相扣、紧密有序、层层推进，历时整整一年，经过社会征集、专家初评、群众投票、征求意见、完善提炼等几个阶段，然后报请省委常委会研究通过，"山西精神"征集提炼活动终于画上一个圆满的句号，"信义、坚韧、创新、图强"成为山西精神的高度概括和凝练表达。尊重人民群众主体地位，发挥好党政部门的引导作用，是当代区域精神塑造的规律性趋势。

三、塑造功能作用：从意识形态灌输到构建社会共识

当代的区域精神塑造实践表明，区域精神的合理塑造对于区域价值引领、区域文化塑造、区域形象打造、区域软实力提升都具有重要的作用，尤其是在社会转型过程中，社会共识建构问题的凸显，更成为使区域精神塑造功能作用转型的现实背景。山西区域精神塑造从意识形态灌输到构建社会共识的转变趋势，表明了当代区域精神塑造功能的新发展。

基于山西区域精神塑造的历史发展分析，自从中国共产党成为革命和建设的领导力量以来，区域精神塑造中，党的意识形态成为核心内容。区域精神塑造更多是党的方针、政策在特定区域中的情境化展现。不可否认，这是区域精神科学性的根本保证，也是其发挥精神引领作用的前提。这种方式也符合马克思主义思想政治教育灌输原理的要求，在一定的历史条件下发挥了重要作用也取得了重大成就，如大寨精神、西沟精神等，发挥了鼓舞干劲、团结奋进的重要作用。但是不容回避的是，随着社会的多元化发展，社会共识问题建构更加突出，意识形态的宣传灌输，客观来讲并不能全部承担起这一功能。另一方面也应该看到，单纯的意识形态灌输，不可避免地会出现生硬僵化的问题，给人以宣讲说教的感觉，可能导致心理认同度的降低，影响社会共识形成。不管是重提山西新中国成立以来形成的区域精神，还是在社会主义核心价值观指导下，塑造当代的山西精神，都必须避免简单的意识形态的灌输。应该讲这已经成为山西在区域精神塑造中的基本共识之一。因此可以看到进入新时期以来，山西在区域精神塑造中，越来越凸显社会共识的构建，寻求在精神价值领域的最大公约数。从现在"山西精神"的表述中，

信义是山西历史的传承，也是人们的精神追求，坚韧则是山西在革命和建设过程中引以为豪的艰苦奋斗、自强不息精神的高度概括，创新、图强则是人们所认同的发展路径与发展目标。在这一表述中，找到了最大公约数，实现了最高的认同度，形成了社会共识的基础。先进思想灌输与区域精神塑造，如何寻找最佳的结合点是区域精神塑造实践中要回答的问题。以先进思想指导区域精神塑造，通过区域精神塑造彰显先进思想，必须作为区域精神塑造过程中的自觉态度，探寻结合的方法是区域精神塑造面临的重要课题。

四、塑造态度行为：从离散自发到主动自觉

唯物辩证法告诉我们，精神对于物质会产生重要的作用。注重精神生产是马克思主义的基本原则之一。在山西区域精神塑造的实践中，党的领导使区域精神塑造发生了根本性的转换，从自发开始走向自觉，改革开放以来在新的因素作用下更加明显地出现了从离散自发到主动自觉的趋势。

漫长历史发展过程中形成了如晋商精神等区域性精神，是典型的自发性过程，只是在业内或者民间流传，并非主动塑造的当代意义上的区域精神。革命战争年代，在党的领导下，区域精神才真正获得了"塑造"的意义，主动自觉成为明显的态度行为模式。不过由于发展阶段的制约，加上对于区域精神本身认知和定位的模糊，这种主动的自觉行为表现出离散性的特征，缺乏应有的区域整体性思考和层次性安排，更多还是停留在典型、榜样等表述阶段，并没有上升到一种普遍意义的提炼和概括。改革开放以来，首先是市场经济发展，区域竞争本身要求区域能够确立清晰的定位和良好的区域形象，向内寻求区域文化和区域精神的支持成为一种必然选择。同时在完善市场法规制度的同时，也需要形成更广泛意义上的市场

伦理、市场价值导向，比如诚信、契约等精神，形成一个精神价值层面上的导引，这是市场经济发展在精神文化层面上提出的必然要求，"经济的发展是一个体现客观规律性和发挥人的主观能动性相统一的过程，文化精神为经济行为主体提供了明确的价值参照系，告诉人们应该做什么，把人们引向有价值的经济活动。社会群体的共同文化通过反映群体共同的利益愿望、价值、标准、道德风尚、行为规范等，形成适应经济发展的先进文化理念和文化环境，调节社会关系，激发起经济主体巨大的主动性、积极性和创造性，推动经济发展。"① 这成为触动区域精神塑造进一步走向自觉主动的一个重要因素。同时推进社会主义核心价值体系建构的历史性命题，成为另一个重要的推动因素，"培育区域人文精神，既是建设社会主义核心价值体系的重要内容，也是建设社会主义核心价值体系的必要条件。"②。改革开放深入发展出现的这些新因素，使山西在区域精神塑造过程中，从 2007 年开始进入一个新的阶段，2011 年以来达到一个高潮，初步形成了省、市、县不同层次的区域精神体系。全省和11 个设区的市共有 12 个区域，其中有 9 个区域已经明确提出了自己的区域精神，2 个区域正在广泛征集过程中，比例高达 91.7%（见附录 B）；从山西省县级区域来看，据不完全统计，119 个县级县区市中共有 37 个提出培育提炼或已经进行征集表述语活动，自觉主动性得以极大地彰显。

五、塑造方式：从传统继承到创造转化

山西的区域精神塑造，必须面对历史资源，既有山西久远的区

① 刘延宏，刘云华. 试论沂蒙精神对临沂区域经济发展的影响［J］. 临沂师范学院学报，2009（1）：120－123.
② 薛志清，陈康. 区域人文精神培育与社会主义核心价值体系建设［J］. 江苏理工学院学报，2014（3）：1－5.

域历史文明发展，也包括革命年代的红色革命精神，更需要面对新中国成立以来山西形成的以大寨精神为代表的一系列精神资源。精神发展的延续与传承决定了在区域精神塑造过程中不可能进行人为的取舍和割裂。在区域精神塑造过程中如何接续传统，尤其是新中国成立以来以大寨精神所代表的传统？因此在山西区域精神塑造中，必然面临这样的问题，即"在新的征程中是否需要继续弘扬大寨精神？以何种心态看待大寨精神？大寨精神在新时期的时代价值是什么？"[①] 这一问题对于山西区域精神塑造具有特殊重要的意义。

改革开放初期，山西在区域精神塑造中，对于传统资源更多的是承继，采取的方法是推出新的典型，在这些典型形象中读取传统精神。这在李双良精神的宣传中表现得非常突出。李双良是太原钢铁加工厂的工人，自 1983 年开始，他带领渣厂职工搬掉了一座堆积半个多世纪、占地两平方公里、体积 1200 立方米的渣山，创造价值六千五百万元，被誉为"当代愚公"。关于李双良精神，概括为：一心为公，艰苦创业的主人翁精神；牢固树立工人阶级的阶级意识、时刻牢记工人阶级的历史使命感；确立党的利益、国家的利益、人民的利益高于一切的崇高思想；继承和发扬中国工人阶级特别能战斗的优良传统和拼搏精神。这一精神表述基本上沿用了传统精神的表述范式，实质内容也是对传统资源的直接运用。但是区域精神的时代性特征要求必须要具备鲜明的时代特色，必须去努力挖掘传统精神资源的时代内涵，"大寨人铸就的以自力更生、艰苦奋斗为核心的大寨精神，它与红旗渠精神、大庆精神等都是各条战线人民群众建设新中国谱写的一曲曲生动的音符。他们所蕴含的自力更生、艰苦奋斗的精神不仅是中华民族自强不息精神的延续，更是激励我们

---

① 许艳红. 大寨精神及其时代价值探究 [J]. 山西农业大学学报，2013（12）：1209 – 1213.

发展前进的强大精神支柱。今天，我们提出中国梦的美好理想，既需要对以自力更生、艰苦奋斗为核心的大寨精神的继承，更应该赋予它丰富的时代价值。"① 正是在这种思路之下，对于传统精神资源，山西在区域精神塑造过程中，开始注重其时代价值的开掘，赋予其新的内涵。比如大寨精神，赋予其坚持从实际出发，注重开拓创新的意义，以至发展生产、关注民生的新的表述；又如锡崖沟精神，明确表述为：是百折不挠、水滴石穿的坚韧精神；是不惧艰难、艰苦奋斗的创业精神；是牺牲自我、造福后代的奉献精神；是尊重科学、实干巧干的务实精神；是走出大山、走向全国的开拓精神。抽取核心关键词汇：坚韧、创业、奉献、务实、开拓，既有丰富的历史、区域内涵，又极具现实、时代特色。这种推进传统精神资源的创造性转换应用的方式，使传统获得了新生，成为永远的精神宝库。

---

① 许艳红. 大寨精神及其时代价值探究 [J]. 山西农业大学学报，2013（12）：1209 - 1213.

第三章

区域精神塑造存在的主要问题和成因分析

　　任何一种精神的生产，都会遵循一定的客观规律。区域精神的塑造也不例外。改革开放以来，中国共产党十分重视精神在中国特色社会主义建设中的地位和作用，不断深化对社会主义文化建设规律的认识。各个地方主体在区域精神塑造过程中自觉地对这一规律进行了探索，但对其规律的把握依然处在探索阶段。所以，当区域精神塑造成为全国上下的一场"运动"时，它的塑造过程、塑造机制、塑造目标乃至最终的实际效果如何，都会不同程度地存在一些问题。实事求是地讲，社会对全国上下的这场区域精神塑造运动，褒贬不一，对提炼出来的区域精神表述语有认同但也不乏批评之处。本章主要对区域精神塑造过程中存在的主要问题及成因进行分析。

第一节　区域精神塑造存在的主要问题

　　随着我国各个地方区域与社会对区域精神培育、提炼、弘扬和践行工作重视程度的提高，社会各界对区域精神的研究越来越多，从哲学、经济学、文化学、社会学等角度都有不同程度地对区域精神的深刻论述。从现有的研究成果来看，一些地方塑造和培育区域精神存在不少问题，比如塑造目标的同质化倾向、塑造内容的空洞化倾向、塑造方法的简单化倾向等，一些学者对不符合当地实际的区域精神提出不同的意见和建议。当前反映最突出的表现就是脱离区域社会实际、淡化区域特色品质、模糊社会主义核心价值观等，可以说，区域精神的塑造还有不断拓展和深化的空间，区域精神的形成发展的变革期待呼声较高，继续进行深入系统的研究既有可能性，也有必要性。

一、塑造目标同质化的问题

任何一种精神的提炼都必须充分体现其最核心、最本质的东西。区域精神的塑造如果不注意挖掘当地历史文化、不注重追寻价值共识、不进行理论的合理适度创新，包罗万象，生搬硬套，泛泛而提等于什么都没提，那些狭隘的、说教式的、陷于表层的概括，很难引导公众价值取向与行为方式的共识共性，缺乏亮点，缺乏活力，缺乏针对性，特色不鲜明。总体上看，区域精神塑造运动，其表述语同第一阶段相比发生了一些变化，塑造目标更加多元化了。但是这种多元化的精神内容依然具有比较严重的同质化倾向。具体来说，有以下三个表现：

（一）世俗化倾向的目标

把世俗化倾向目标作为某一区域的精神内容时，我们就要考虑这一目标与这个区域在多大程度上有关联。我们不能否认，区域发展就不需要世俗化倾向的目标，而是质疑塑造这样的目标会不会落入大而无当的俗套里，导致区域精神提炼与不提炼实际上区别不太大。根据分析研究，十七届六中全会以来的 20 个省（自治区、直辖市）和 200 多个城市的区域精神中，从频度来看，"创新"出现 78

次，"开放"出现59次，"务实"出现47次，"和谐"出现47次，"包容"出现43次，"诚信"出现29次，"自强"出现25次，"团结"出现23次，"敢为人先"出现13次。由此可以看出，雷同的"区域精神"已经失去了地域本身的特色与传统。一种特定的精神必须有自己的特点。例如，五四精神的核心"民主、科学"，清华大学的校训"自强不息、厚德载物"等，这些精神表述精简明练，既明确了意义，又便于理解把握，因而有很广泛的社会认同。当前区域精神塑造中，一些地方在概括提炼区域精神时，缺乏特色，导致往往缺失了区域精神最核心、最本质的东西，在高度雷同之中而用一些泛泛的精神价值所代替。山西省朔州市对其区域精神经历过三次的提炼与锻造，每次都包含着不同的理论内涵和时代特征。2008年培育的新朔州精神，其表述语是"豪爽大气、海纳百川、百折不挠、奋力赶超"，其蕴含的精神实质和科学本质是否高度概括了朔州当地的特点与文化呢？单纯就区域精神的表述而言，仔细分析，就"豪爽大气、海纳百川、百折不挠、奋力赶超"的精神内涵来看，"豪爽大气"是北方人，或者塞北地区人们的特点，这与朔州的文化风俗最接近。"海纳百川"与其他城市的"包容"精神类似，我们不是讲塞北人就不可以海纳百川，关键是这个提法与地域文化的关联度到底有多大，"百折不挠"也属于世俗化倾向的奋斗观，是带普世性的精神价值。山西另外一个城市的区域精神里就有"坚韧不拔"的价值目标。"奋力赶超"则属于我们下面要分析的发展化倾向目标。所以，这样的区域精神如何内化为人们的思想和行动，或者说，要人们认同并自觉践行的时候，就会发现其更多是立足于宣传性表达，偏重于精神气质，向内开掘还需要进一步明确和加强。。

（二）发展化倾向的目标

区域精神塑造同质化问题聚焦为发展化倾向目标，是很容易理解的。一是因为十一届三中全会以来，党和国家的工作重心一直是以经济建设为中心，地方政府也一直把"发展是硬道理"当作主政一方的座右铭。二是因为地方政府自身的利益诉求以及片面追求经济发展的冲突在价值目标方面的反映。所以，在发展话语体系下，各个地方政府在提炼区域精神时，最大公约数就是体现发展化倾向目标的话语表达。比如"敢为人先""追求卓越""开放图强"等表述语，其背后的精神实质就是发展化倾向的价值观。山西临汾临汾精神的表述语是"敢为人先、坚韧不拔、开放包容、勤劳智慧"。"敢为人先"刚才已经提及，其实就是一种发展化倾向价值目标的体现，或者是改革开放精神"开拓创新"的另外一种表述。纵观中国改革开放以来的历史，每一次对旧体制、旧观念的突破，没有一次不是"敢为人先"精神所激励的。"小岗精神"是这样，"深圳精神"也是这样。从国家层面上讲，"一国两制""社会主义初级阶段理论""社会主义市场经济理论"等都是中国共产党人在社会主义理论方面，敢于啃硬骨头，勇于突破前人的条条框框，在世界社会主义运动中"敢为人先"，开创了中国特色社会主义。如果这样理解"敢为人先"的精神实质，临汾作为一个内陆的小城市，在改革开放中的地位和作为都是有目共睹的，"敢为人先"除了对过去经验的提升，可能更多还是对未来发展的期许，也表达了对未来发展的一种自信。但是未来发展中哪些方面的突破可以与这个精神内涵相匹配，将会是这一精神得以真正体现，并为人们所关注和认同的核心。

（三）道德化倾向的目标

新世纪以来，科学发展观成为执政党新的发展指导理念，地方政府相应地也调整了发展目标的内涵。比如，以"和谐"为核心词汇，新增加了"开明睿智""大气谦和""重信尚义""乐善好施""感恩""互助""厚德"等新词。另外，我们党作为执政党，对中国特色社会主义建设规律的认识也在实践中不断走向深化，中国特色社会主义理论体系的理论内涵也与时俱进地增加了新的内容，这对区域精神塑造的影响也是显而易见的。中国特色社会主义"四个特色"中民族特色这个表述，使我们可以把传统文化里带有我们这个民族特色的精神文化融入到社会主义文化中去。就区域精神来说，从过去比较注重发展主义理念、实用主义理念，现在更注重人文主义和道德主义。所以，道德化倾向目标也成为区域精神塑造过程中一个雷同的焦点。太原是山西的省会城市，率先发展是太原市建设一流省会城市的基本定位，区域精神建设也是太原实现文化强市的内核和要素。太原精神的表述语是"包容、尚德、崇法、诚信、卓越"，这些内容包含着广泛的道德化倾向的价值目标，以如此多的道德化倾向目标作为一个地方的区域精神，其功能作用的指向性非常明显，但也容易制约其发挥整体综合的实际效用。

综合起来看，在塑造区域精神时，有些地方不切合区域当地社会发展实际、文化传统实际等，盲目跟风、相互攀比一哄而上、内容相近千城一面、内容空泛认同度低，简单复制紧跟时髦等，区域精神表述语的概括不准确，没有能够反映特定区域的历史文化传统、地理环境、发展水平、社会心理、风俗习惯等。有的地方盲目求高求大求全，区域精神表述机械对应社会主义核心价值体系四个层面的内容，试图浓缩社会主义核心价值观的二十四字表述，面面俱到，反而适得其反，有的还引起公众的不满。还有个别地方在提炼区域精神时简单归纳总结文字，多使用优美词句，大同小异，相互模仿，只图朗朗上口、押韵对仗，放之四海而皆准，容易导致民众产生区域精神的审美疲劳。这些特色不鲜明的区域精神从本质上缺乏明显的创新意识和典型特征，给当地公众以"提与不提一个样、提多提少一个样"的印象，有的甚至成为公众调侃和戏谑的对象。

二、塑造内容空洞化的问题

精神存在是心理或意识以主观存在的方式，存在于人们的头脑之中，因此精神相对于物质而言，不具有客观的可测性，这也使精神问题显得格外复杂，甚至笼罩上了神秘色彩。但是，精神也不是无法或者不能探究的，根据它与物质的关系可以界定为："与一定的物质发展水平生活相适应，人们为了获得独特的各种精神需求而进行的自由自觉的文化层次或意识形态层次上的活动。"① 由此可见，精神主要体现为文化层次或意识形态，前者存在于人们的生活方式中，后者存在于人们的政治生活中。所以，区域精神的塑造，主要是体现到文化层次或意识形态这两个方面上来。也就是说，如果某一个区域精神不能与人们的生活方式发生关联，与党和国家的意识形态没有关系，它一定是空洞无物的。具体来说，有以下三个表现：

（一）塑造内容与发展实际脱节

一般来说，区域精神塑造必须与当地的客观实际相结合。在我们国家，东部、西部、中部、东北等区域不仅仅是地理上的划分，也有发展水平乃至文化上的划分。即使是一个省内，也会根据发展水平和文化因素划出不同的区域来。比如山西大同和朔州属于晋北，忻州横跨山西东西两面，太原和晋中在汾河谷地，吕梁与吕梁山关联，临汾和运城则是中华民族发祥地之一，晋城与长治占据古上党，它们都有不同的区域文化特征。有学者分析对比了我国50个城市已经发布的城市精神表述语，结果发现存在一定的趋同性。个别词汇"出镜率"颇高，一些带有强烈标语性的语词似乎"放之四海而皆准"，用来形容任何一座城市都可以，共性有余而个性不足。客观地

---

① 张慧君，方皋，侯治水. 马克思主义视域中的精神生活与全面建设小康社会 [M]. 长春：长春出版社，2011：42 – 43.

讲，山西一些地方的区域精神，也不同程度地存在着与各个地方发展实际不协调的问题。山西省及 11 个设区的市共 12 个区域中已有 9 个明确提出区域精神，2 个正在征集中，1 个没有。其中出现频率最高的词语依次是，"包容" 5 次、"开放" 3 次、"创新" 3 次（见附录 B）。社会的发展日新月异，区域精神塑造与发展实际相结合是历史发展的必然。目前区域精神塑造内容与发展实际相脱节是一个共性的问题，不是单独在某一个区域发生。

（二）塑造内容与思想实际脱节

区域精神，其实质就是要体现地方的文化自觉。文化自觉，是集体有意识的精神追求，是内化为主体的思想和行动。在提炼区域精神的过程中，为了能够在表述内容上体现社会各阶层的价值追求，区域精神表述尤为注重综合性与包容性，但是很容易出现大而化之、意义不明、指向不清的问题，最终导致泛政治化、教条化、口号化的倾向比较严重，与地方的思想实际严重脱节。有评论提出，个别表述语缺乏深入有机的融合，过于抽象空洞成为现在存在的最大问题，区域精神往往成为领导意志的表达和张扬，难以为民众所认同，沦为一种真诚可笑的"表演秀""精神体""精神病"等调侃戏谑性语言。在网络化传播时代被迅速扩散，引起网络围观、嘲讽。区域精神塑造沦为"笑语大全"或"闹剧"，关键在于其核心内容的提炼和概括没有所指，只能是主导者的自娱自乐。比如一些区域精神中"卓越"这个表述语，它怎么与人们的生活方式和意识形态联系起来呢？"卓越"这个表述，它应该与物质生活是对立统一的关系，基本内涵是人们自由自觉的活动或自主的文化层次或意识形态层次上的活动。在实际生活中，"卓越"一词很难与一定的生活方式联系在一起，也与党和国家的意识形态关系不大，当它成为一个区域的精神表述语时，就仅仅是一个纯粹的精神目标，只是存在于精神领域里的概念化的精神或者是人们心理的活动而已。当区域精神与这些务虚的精神价值相遇的时候，实际上是难以内化和践行的，缺乏可操作性，缺乏内化于心的措施，谓之"不实"。

（三）塑造内容与历史文化脱节

区域精神本质上就是区域历史文化传统积淀基础上进行的高度凝练，是区域文化的最核心内容。以区域精神为中心，能够演绎出区域历史文化的丰富内容。以时间发展为轴，区域精神的形成、发展、变化就是特定区域历史文化的演化和传承过程。区域中的每个人都需要从历史文化传统中完成自己的身份确认，从历史文化坐标中获得自己的定位。因此塑造区域精神，必须把握区域历史发展，秉承地方历史文化传统。只有这样才能引领一个区域人们精神文化家园的建设，才能获得来自文化传统深处的认同。人们对一个地方的认同，除了表层的地理因素之外，深层次的因素是文化。在历史发展的长河中，每个地方由于自己独特的自然禀赋和人文习惯都会产生并积淀为丰富多彩的文化宝藏，成为一代又一代人的精神家园和文化皈依。我们党十分重视对传统文化的传承，中国特色社会主义"四个特色"里，民族特色指的就是中华民族五千多年历史的优秀文化。所有中华大家庭中的每个地方，其地方历史文化的发掘和利用都应该引起足够的重视。因此，区域精神塑造，不能忽视地方历史文化这个重要的文化资源，要尊重区域历史文化传统，形成传承优秀文化基因和人文精神的历史自觉。在区域精神塑造中，完成历史文化传统的血脉延续。立足于区域历史文化，才能在区域精神塑造中表达出应有的文化自信，才能展示出区域文化的厚重底蕴。拥有了历史文化传统的身份识别，区域精神同质化问题自然也就迎刃而解。

有的地方提炼区域精神的出发点和落脚点是基于政治和经济方面的因素，陷入了服务经济发展的单一性思维，陷入了盲从政治形势判断的从众心理，而没有从精神文化发展的本质规律进行研究，没有从一个区域特质文化发展与动力的更深、更高层次进行认识和实践。这种基于时势需要性的文化热情，无法保持文化精神的长久性。山西是中华的重要民族发祥地之一，五千多年文明在这块土地上留下了辉煌灿烂的文化遗产。尧舜禹生于斯，活动于斯，好多带有神话性的传说深入民心。一代廉吏于成龙，一代帝师陈廷敬，是儒家文化熏陶下古代官员的楷模。山西也是近代以来中华民族追求民族独立、人民解放过程中产生了太行精神、吕梁精神、刘胡兰精神的宝地，这些精神也是山西特有的财富。中华人民共和国成立以来，在社会主义建设和改革开放过程中，也涌现出大寨精神、右玉精神、锡崖沟精神、申纪兰精神等宝贵的精神财富。所有这些共同构成了山西文化的宝藏。区域精神塑造，就是要坚持历史与现实、传统与现代相结合的方式，在继承与发展中走向新的时代。但是，通过对山西区域精神的考察来看，能够体现山西文化传统的区域精神并不多见，特别是那些历史感厚重的文化传承基因比较少。

三、塑造方法简单化的问题

对全国55个和山西9个明确提出区域精神的省市区等的提炼、培育方式方法和过程的梳理和研究，可以发现，从产生时间上看有的历时七八年，有的就出现在一夜之间，更有甚者是领导人的一句话突然就变成了本地的区域精神。可见，有的区域精神塑造印有深深的官僚主义痕迹，社会与群众参与不够，科学化与民主化不足，塑造方式简单划一。区域精神塑造简单化问题大体表现如下：

（一）培育提炼主体主观化倾向严重

一般来说，区域精神塑造要有前期酝酿准备阶段。前期酝酿策划一般有党委政府、科研院所、智力库等部门一起就区域精神塑造进行统一规划，以增加这一过程的民主性和科学性。北京和广西提炼区域精神即是如此。但是，与北京精神提炼过程不同的是，有些地方在提炼区域精神时，往往是由主管领导直接拍板决定，丝毫没有前期酝酿的准备。这种由领导临时动议直接提出区域精神，或者由领导包办提出区域精神的做法，明显带有领导主观的认知和判断，是与党的民主集中制原则相背离的。而且随着当地领导的调整，区域精神的表述也会多次调整。一任领导就会提出其任期内的区域精神，导致区域精神的稳定性、科学性明显不足。

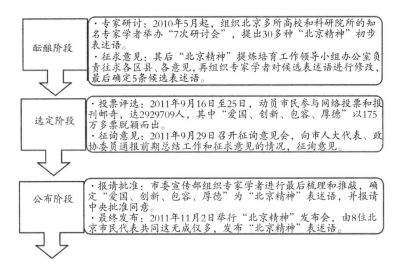

图3 "北京精神"生成路线图

更为重要的是，当前我国领导体制当中出现的这些弊端，使得区域精神塑造出现另外一种情况，即区域精神塑造的领导层级越来越多。多元化趋势的表现主要是，有越来越多的区域正在提炼区域精神，还有一些区域也即将提出区域精神的动议，特别是有些县级区域甚至乡镇区域对塑造区域精神表现出更大的兴趣。区域精神产生范围的多元化必将导致区域精神的雷同率越来越高，认同率越来越低。越是最基层的区域，越有最淳朴的民风，也越具有最认同的基础。但是越基层的区域，也有更多的上级区域，需要认同的区域精神也就更多，最终导致一个区域内需要弘扬践行的精神太多，有时反而适得其反，让最基层的群众无所适从。我们可以设想一下，如果每个省、每个市、每个县、每个乡镇或者行政村都提出自己的区域精神，就相当于每个人都要践行至少五级以上的区域精神，那将是一种多么大、何其多的精神，可这种精神所能引领的力量到底有多大呢！可以说，越来越多、越来越小的区域都提出塑造区域精神不适合中国国情，越来越多、越来越细的区域精神最终会导致公众的信仰更加迷茫，多元化的区域精神必将导致多元化的思想观念或社会思潮，最终背离区域精神的本质和功能，使区域精神产生和发挥作用的空间越来越小，力度也越来越弱。

有的地方在提炼区域精神时，脱离实际，脱离历史，不注重连续性，甚至是一任领导一种思路，一套想法一套做法，"一任接着一任换"，主观随意性强，不尊重人民群众的首创精神，缺乏科学思维和民主程序，群众认同度不高，提出来的区域精神往往成为一种"喊口号、表功绩"的形象工程，当然也会随政治经济形势的变化而昙花一现。还有一些地方尽管制定了看似周密和严谨的培育方案，但在实际执行和操作过程中，不过是走走过场，花拳绣腿，最后领导拍拍脑袋、拍拍胸脯、以"一言堂"的方式作出决定。

（二）培育提炼阶段参与主体不充分

从区域精神的提炼主体看，有的是党委宣传部门、有的是外宣部门、还有的是政协机关，基本上是党委和政府在主导。比如，少数地方采取了"关门模式"，即事先未经其他机构组织或民众参与，直接由地方党委自行总结并提出正式的精神表述语，如"甘肃精神""云南精神"；个别地方采取了"内参模式"，即由省市级社会科研院所等智囊机构专门立项、组织研究后提出备选方案，供地方党政决策者参考选择并最终决定，其间只有智囊机构与决策者的沟通，而无民众与决策者的互动，如宁夏成立"宁夏精神"课题组，重庆组成"培育重庆城市精神"课题组，专门负责调研提炼工作。可以看出，社会其他方面对区域精神的塑造所起的作用微乎其微。

从山西区域精神培育提炼的调查情况来看，上面提及的问题也不同程度存在。尽管塑造区域精神还没有成文的规律和机制，但各地在实践过程中也有可以参考和借鉴的经验，比如像北京精神提炼过程那样，充分发扬民主，大力吸收社会的意见。但有些地方在塑造区域精神时，没有很好地借鉴国内外以及兄弟单位的经验，而是凭主观意愿提出一个简便易行的方案去运作。在很大程度上没有考虑民众的经验和意愿，也没有尊重人民群众的一手实践和首创精神。再加上各地在畅通党和政府与民众沟通的渠道上有不足之处，互动机制不健全，导致塑造区域精神的过程成了个别领导和工作人员的主导过程，许多真实发生在群众身上所体现出的精神没有能够提上决策者的案头，导致最终提炼出的区域精神不具有广泛的代表性和有效的凝聚力。因此，畅通党和政府与民众沟通的渠道，建立起有效的政民互动沟通机制非常重要。

（三）弘扬践行阶段形式主义严重

有的地方在把区域精神提炼出来后，满足于一时的宣传，重视在报纸电视广播上多登几次，忽视了用提炼出来的区域精神凝聚人心、引领民众，导致践行方式上的一阵风现象时有发生。有的地方虽然宣传的声势很大，但多数都是侧重于新闻报道或广告宣传性质，满足于报纸上有文章，电视上有镜头，广播里有声音，网络上有篇幅，对区域精神蕴涵的学术学理研究不够，没有形成区域精神引领当地发展的舆论氛围。有的地方大会小会喊口号，会议活动打标语，不注重潜移默化，不坚持以身作则，宣传形式过于简单，宣传内容过于单调，宣传阶段过于集中，具有针对性的推广措施和办法不多，最终导致区域精神不能很好地实现在民众中的内心转化。通过对山西区域精神表述语使用频率的研究可以看出一些问题。使用频率是指单位时间单位数量内，当地区域精神在当地日报中出现次数的比例，即出现总次数/日报期数。山西精神从 2012 年开始培育提炼，使用频率为 1.90，2013 年公开发布后使用频率提高到 2.45，2014 年开始降低，达到 1.44，呈现出趋缓的趋向。其他市级区域精神也是一样，从 2012 年到 2014 年，全部都处于趋缓的趋向。由此可见，区域精神塑造过程中的弘扬和践行与最初的设计有一定的差距，形式主义的问题可见一斑，效果也或多或少地打了折扣，不能不引起社会各方的关注和重视。

第二节　区域精神塑造存在问题的成因分析

区域精神塑造存在问题的成因，我们应该到中国改革开放引起的社会转型和政治转型的大背景之中去寻找答案。深刻的社会变革使得中国社会中每一个公民的政治参与意识以及当家做主的意识不断增长，而政治转型的目的就是要顺应社会的新变化和新期待。从统治到管理，再到治理，执政党理念的变化足以说明一切。不过，中国现代化转型的任务还没有完成，处在现代化转型过程的治理理念，依然会受到管理，甚至是统治理念的冲击。国家治理体系和治理能力现代化，已经是执政党提出要实现的战略目标。在此之前，中国几乎所有问题都可以归结到国家治理体系和治理能力落后与经济社会发展之间的张力与矛盾中去。区域精神塑造存在问题的成因同样也不例外。具体分析，主要包括以下三个方面的原因：

一、区域精神塑造过程中科学化与民主化不足

有的地方培育提炼区域精神的出发点和落脚点是基于政治和经济方面的因素，陷入了服务经济发展的单一性思维，陷入了盲从政治形势判断的从众心理，而没有从精神文化发展的本质规律进行研究，没有从一个区域特质文化发展与动力的更深更高层次进行认识和实践。这种基于时势需要性的文化热情，无法保持文化精神的长久性。有的地方出现了在高层党政领导和宣传文化部门的重视与推动下，交由科研机构或高校进行闭门讨论，对社会各领域各阶层的重视程度不够，特别是切实生活在本区域内的民众参与的比率较低，积极性和主动性发挥不够，区域精神其实变成了当地领导认可精神的体现。具体来说，有以下两个方面：

（一）科学化不足的原因

区域精神塑造过程中科学化不足的原因分为三个层面。

一是对区域精神与社会主义核心价值观之间的辩证关系认识不到位。区域精神与社会主义核心价值观之间是普遍和特殊的关系。社会主义核心价值观是普遍性，区域精神是特殊性。社会主义核心价值观的普遍性决定了在区域精神塑造过程中其必然居于统帅地位，它为国家、社会、个人三个不同层面提供了基本的价值取向，这从其发展过程、地位性质及作用功能等方面可以清晰地表现出来。就发展历程而言，社会主义核心价值观延续了是在社会主义革命、建设和改革开放历史过程中的一贯精神，现在得以逐步形成并指导中国特色社会主义发展，形成了明确的价值目标和价值观念；就其地位性质而言，社会主义核心价值观是社会主义价值体系中最基础、

最核心的部分，既是中华民族发展历史进程中的一贯精神原则，也反映了社会主义本质和建设规律，是一系列根本原则和价值观念的理性集结；就其作用功能而言，社会主义核心价值观是中国特色社会主义建设的行为指向和行为准则，决定着我们在发展中国特色社会主义伟大征程中的思想方法与行为方式。而区域精神的特殊性表现为对当地历史文化、地域特色、精神风貌等方面的概括，是核心价值观在特定地域的一种特殊体现。换句话说，区域精神不仅要体现社会主义核心价值观的要求，同时也要体现特定区域的特色文化。再以山西右玉精神为例说明。党的十八大报告提出建设"美丽中国"，强调"把生态文明建设放在突出地位，融入经济建设、政治建设、文化建设、社会建设的各方面和全过程"。"美丽中国"是生态文明建设的目标指向，生态文明建设是建成"美丽中国"的必由之路。因此，生态文明建设、"美丽中国"是普遍性，是对全国的要求，但它的实现需要地方的实践。"美丽中国"从"美丽家乡"做起。"右玉精神"树起了生态文明建设的一面旗帜。正如刘云山同志考察右玉时指出的，右玉走的是"建设生态文明、科学发展的道路"。右玉精神很好地诠释了社会主义核心价值观与区域精神之间的辩证关系。但遗憾的是，我们看到好多区域精神的提炼并没有科学地认识到这一关系，要么空洞无物不知所云，要么只有特殊性没有普遍性。

二是对区域精神在社会主义意识形态创新中的地位和作用认识不清楚。什么是社会主义、怎样建设社会主义？这是邓小平理论的基本问题。邓小平理论阐明了在中国建设社会主义、巩固和发展社会主义的基本问题。但我们对社会主义建设规律的认识不可能一蹴而就，而需要实践与认识不断地循环反复。面对时代的发展，社会主义意识形态必须与时俱进地实现创新。革命年代，我们培育和形成了井冈山精神、长征精神、延安精神、太行精神、为人民服务精神。新中国成立以后，在社会主义建设中，我们又培育和形成了"自力更生、艰苦创业、勤俭建国、团结奋斗"为核心的抗美援朝精神、铁人精神、雷锋精神、焦裕禄精神、大寨精神、西沟精神等。这些精神激励了一代又一代的中国人，直到今天依然是中国精神生活里不可或缺的宝贵财富。① 改革开放以来，随着社会主义市场经济的发展，社会思潮朝着多元化方向发展，人们的思想面貌发生了很大的变化。从国际上，苏联东欧这些前社会主义国家的垮台，让世界社会主义运动陷入低潮阶段。世界上资本主义强、社会主义弱的格局在短时间内还难以改变。在这样一种情况下，社会主义意识形态在整合社会的时候就遇到了强大的挑战。党的执政权威，意识形态的碎片化，这两方面受到挑战，是我们必须要面对和解决的。

在社会主义意识形态创新方面，中国特色社会主义提出了"四个特色"，其中，除了理论特色和实践特色是马克思主义既有的特性外，民族特色和时代特色的提出则具有鲜明的意蕴。民族特色要与中华民族五千多年文明史联系起来，时代特色要与当今世界的经济全球化、政治多极化联系起来。这四个特色以及社会主义核心价值观如何才能落地生根、开花结果，需要在实践中不断探索。按照以往的经验和路径，是中央采取自上而下的灌输、宣传和教育，但随着时代发展，这种方法还显得较单一，效果也不尽如人意。各个地方党委政府作为社会与中央政府之间的中间力量，直接影响到社会主义意识形态大众化的效果。在与中央保持意识形态话语一致的情况下，地方党委政府通过区域精神塑造探索社会主义意识形态创新以及整合社会的机制等问题，才是区域精神塑造最深层次的内涵。所以，首先，区域精神塑造本身就是社会主义意识形态创新的一种

---

① 田海舰，邹卫. 社会主义核心价值观论纲［M］. 北京：人民出版社，2010：47.

尝试。我们可以借助于区域精神塑造，研究和探索社会主义核心价值观践行中遇到的困境以及解决之道，为党和国家进行社会主义理论创新提供经验。其次，区域精神塑造的试验性质，能够避免失败引起的全局的混乱。从国际上看，苏联东欧的垮台，主要原因在于戈尔巴乔夫意识形态改革直接从中央层面开始，导致一发不可收拾的局面。最后，区域精神塑造在大的方向方面必须与中央保持一致，这会使得中央和地方的互动越来越科学化，为国家治理体系建构提供经验启示。

三是对区域精神塑造在地方治理创新的地位和作用认识不清楚。中国的国家治理的弊端，主要是中央和地方政府之间权力配置一直是向中央集中。造成这个问题的原因大致有两个：一是历史文化传统。自秦始皇统一六国建立中央集权制的国家以来，两千多年的专制主义统治文化对中国政治伦理与政治体制的影响可谓根深蒂固。邓小平曾说，旧中国留给我们的，封建专制传统比较多，民主法制传统少。① 二是传统社会主义体制的影响。在国际共产主义运动中，长期以来受斯大林模式的影响，普遍认为社会主义制度和计划管理制度必须对经济、政治、文化、社会都实行中央高度集权的管理体制。② 改革开放从某种程度上讲，就是打破过去的国家管理体制，实现中央和地方权力配置的科学化。实际上，地方确实也从中央层面争取到了比以前更大的权力，在经济社会发展方面具有了越来越大的主导权和话语权。但是随着改革开放的深入，地方政府与中央的矛盾也不断凸显，具体体现为地方发展过程中的扭曲的发展观和地方利益引起的地方保护主义，甚至导致"政令出不了中南海"的情况发生。更为重要的是，扭曲发展观导致的地方政府与社会之间的

---

① 邓小平文选（第2卷）[M]. 北京：人民出版社，1994：332.
② 邓小平文选（第2卷）[M]. 北京：人民出版社，1994：328.

张力与矛盾，使得地方政府权威不断受到挑战，甚至直接影响到中央的权威。"塔西佗陷阱"或者说"狼来了的故事"，直接指向政府的公信力。那么，如何化解改革开放以来形成的这一冲突正是区域精神塑造的使命。通过提炼区域精神，重新认识地方发展的战略目标和区域定位，加入精神的力量打造区域软实力，物质与精神统一发展形成综合实力。遗憾的是，对于区域精神的这一使命，地方党委政府的认识并不特别清晰。

（二）民主化不足的原因

民主化不足，实际上还是与我们国家的领导体制、管理体制有关系，体现为体制内沟通不畅、体制内与体制外的互动机制不健全、体制内对体制外的不信任等，可以分为以下三个层面。

一是协商民主发挥不够。人民民主是我们党始终高扬的光辉旗帜。毛泽东曾说，我们共产党就是为了人民争取民主。民主是社会主义的生命，没有民主就没有社会主义。协商民主是我们党为了体现人民民主提出的一种民主方式。党的十八大报告指出："社会主义协商民主是我国人民民主的重要形式。具体做法是通过国家政权机关、政协组织、党派团体等渠道，就经济社会发展重大问题和涉及群众切身利益的实际问题广泛协商，广纳群言、广集民智，增进共识、增强合力。"① 根据相关学者的研究，协商民主在中央层面上的发挥很好，但是越往基层效果就打了折扣。基层协商民主遇到目前的领导体制与管理体制如何发挥其应有的作用，显然属于政治学与管理学的话题。就区域精神提炼过程来说，虽形式多样，但依然没有脱离党政主导的模式，或者是搞形式主义走过场，或者是群众团体、社会贤达、文化名人等参与不充分。这样就形成了巨大的反差，

---

① 本书编写组. 十八大报告学习辅导百问 [M]. 北京：学习出版社、党建出版社，2012：23 – 24.

一方面是官方媒体热热闹闹做报道，而另一方面社会大众反应冷冷清清。这种情况下，区域精神塑造搞形式、走过场的问题很难克服。我们可以看到，区域精神提炼过程的这种情况，使得区域精神的认同度不是很高，社会反应不强烈，甚至大家觉得是不是每个地方、每个城市都得患些"精神病"，就观察和调查而看，即使同是体制内的人，大家的看法也是仁者见仁智者见智的。按照体制内一般的流程，像培育提炼区域精神这样重要的事情，地方党委政府部门、政协机关、党派团体之间应该有规范的协调沟通程序。积极开展基层协商民主，是化解民主化不足的一个重要方面。

二是知识分子的作用不明显。当代中国的知识分子群休的秉性与特点，锤炼他们中的一些人要么成为体制的毫无原则的辩护士，要么成为体制坚决的异议者甚至反对者。毫无原则的辩护士们虽然不是"吃党的饭砸党的锅"，但却丧失了知识分子应有的批评思维和作用，成为落后与保守的坚固堡垒。而另外一些人，则是从极端的立场出发，从形而上学的概念出发，认为政府做的一切都是错误的。当然，大多数知识分子还是能够站在历史与现实、传统与现代的结合点上，忧国忧民，为党和国家提供智力支持和帮助。在目前的领导体制和管理体制下，如何协调沟通政界与学界的关系，也是区域精神塑造过程中应该注意的一个重要问题。一种思想理念在交流互动中，通过相互影响而被大家接受，达成共识。所以，领导者与学者之间的交流是一个相互影响的过程。这种交流机制并不是完全不通畅。比如，中央层面做得很好，有一个很好的学习制度一直存在着。地方层面领导与学者交流的渠道主要取决于领导层面。如果我们的一些领导干部，能够站在构建国家治理体系和治理能力现代化的角度看问题，改变过去形成的一些老做法，主动听取知识分子的意见，那么就可以避免区域精神文化底蕴不深厚等类似的问题。正因为如此，区域精神塑造，要大力发挥知识分子的作用，关键是要构建官员与学者的沟通渠道。在官员与学者的互动过程中，领导干部可以获得新的信息，学者也可以从领导干部的问题与评论中，获得进一步思考与研究的新鲜刺激。

三是社会力量的作用不明显。除了体制内群体、知识分子群体外，我们还应该重视社会力量在区域精神塑造中的作用。马克思说过，理论一经掌握群众，就会变成物质力量。理论只要说服人，就能掌握群众；而理论只要彻底，就能说服人。[①] 我们理解所谓的彻底，说通俗点，就是要抓住事物的根本。区域精神提炼出来的目的，是要整合全社会，使之成为一个地方的基本共识，这就是所谓事物的根本。区域精神的民意基础是考验它能否成为社会共识的重要因素。精神生产本来就是很复杂的，要经过一个自由竞争的大众平台，经过各种思想充分的交锋、探讨，才能最终形成一个大家都可以接受的东西，形成整齐、规制、统一的思想产品。邓小平同志就说过，家庭联产承包责任制是农民的发明。只有农民敢为人先的壮举，实行家庭联产承包责任制，并在这种集体所有、个人经营的生产关系下，取得农村生产力的大发展，我们才能提出"大包干"精神。所谓"大包干"精神，其实就是农民敢为人先的实干精神，理论联系实际的精神，开拓创新的精神。民意基础，换句话说，就是人心向背。我们党一直提倡的群众路线，其背后的政治哲学，就是要求我们领导干部要想做先生，首先做学生，向群众学习。只有从群众中来，区域精神才会有更深厚的民意基础，才会有更广泛的社会认同。

二、区域精神塑造过程中顶层设计不完善

区域精神塑造过程中存在的主要问题的产生原因是多方面的，

① 马克思恩格斯文集（第1卷）[M]. 北京：人民出版社，2009：11.

既有方式方法的原因，也有体制机制的原因，更有顶层设计方面的原因。简单地说，顶层设计，就是要统筹考虑项目各层次和各要素，追根溯源，统揽全局，在最高层次上寻求问题的解决之道。顶层设计是一项"整体理念"工程的具体化。就区域精神塑造来说，历史与现实背景、酝酿机制、提炼机制、宣传机制、践行机制等都需要进行统筹和规划。但实际上，大部分地区在制定区域精神塑造的顶层设计时，只重视提炼结果本身，其他相关的环节则重视不够。具体来说，有以下三个方面：

（一）对当前社会思潮以及本地的思想实际掌握不够

我国的改革开放事业已经进入全面深化的重要阶段，一方面，体制改革所导致的社会深层结构发生的巨大变动，必然发生利益格局的调整并伴随思想观念的深刻变化。社会结构的深刻变革，既释放出了给社会发展进步带来的巨大活力，也必然同时产生各种各样的矛盾和问题，并逐步累积和叠加。另一方面，实行社会主义市场经济以来，随着融入经济全球化的深度和广度越来越大，中外文化碰撞中传统与现代、社会主义与资本主义交织在一起，对我们意识形态安全形成了巨大的压力。我们在是非问题上，也即国家道路、社会主义方向等方面必须旗帜鲜明，但是我们也要勇于面对和解决存在的问题。我们的问题，是改革过程中出现的或者以前遗留还没有彻底解决的问题，它们要在改革开放中解决。面对社会中出现的新自由主义思潮、极左思潮、新左思潮、新权威主义思潮等各种思潮，我们要坚持改革是决定当代中国命运的一招。改革开放开创了中国特色社会主义，这就是提炼区域精神的大社会背景。区域精神不仅仅是某一个地方的软实力标志，更是肩负着在社会主义意识形态领域进行探索、为中央提供素材的重大使命。

伴随着改革发展攻坚阶段的到来，我国进入了社会矛盾的凸显期，社会矛盾问题的相互叠加，社会风险累积。我国进入了各类突发事件高发、多发、频发的时期。各类群体性事件、极端报复社会的事件、暴乱恐怖事件时有发生。在这样的形势和背景下，社会对主流意识形态的认识必然会产生不同理解，必然带来社会思潮的多元化。塑造区域精神，其核心意义在于培育共同的价值认同和精神追求，弥合各个不同利益主体在价值观念上的巨大差异，同时创造地方政府与人民群众之间的桥梁和纽带，进行情感沟通和精神交流，进而在此基础上塑造人们的思想观念、价值取向、情感表达、思维方式和行为选择，寻求最大公约数，实现符合区域发展繁荣与和谐发展的目标。我国的各级地方政府及其部门处在中央与社会的中间，要把社会主义意识形态面临的挑战与创新和地方的思想实际结合起来，从化解社会矛盾与凝聚社会共识出发，赋予区域精神更深层次的内涵和使命。

（二）对区域精神形成的机制和规律把握不够

区域精神塑造几乎是一夜之间就红红火火地开展起来。盲目跟风的精神塑造运动，使得各个地方对区域精神形成的机制、规律暂时没有一个完整的认识和把握。即使是理论界，对区域精神形成和发展的规律和机制也没有形成系统的学理上的解释。政界与学界更没有对如何培育和塑造区域精神，区域精神来自哪里、走向哪里，到底能发挥什么作用以及怎么样发挥作用等形成共识。没有科学的规划，没有合理的顶层设计，导致一些领导干部在如何看待区域精神上，有迷茫认识，有不准确、不科学、无法实施和执行的问题。作为区域精神顶层设计的地方党委和政府，没有提出科学的应对方法，也没有引导或者鼓励相应的科研机构去认真研究类似问题的应对方法和办法。在干部教育培训中，我们一直重视战略思维方式的培育。如果省或者市级党委政府对此能够有足够的重视，就一定能够提出更有针对性和操作性的办法，最终的结果是有利于区域精神沿着健康发展的轨道前进并发挥好其应当发挥的作用。

即使区域精神塑造没有成文的规律和机制，但也有全国各地其他地方在实践过程中形成的可以参考和借鉴的经验。相反，我们发现山西有些地方在塑造区域精神时，没有很好地借鉴国内外以及兄弟单位的经验，而是凭主观意愿提出一个简便易行的方案去运作。这种做法没有完全坚持群众路线与民主集中制原则，没有从根本上尊重人民群众的一手实践和首创经验。总之，在区域精神塑造的顶层设计上，缺乏一套运行科学的机制。比如，党委政府与群众的沟通机制、互动机制不健全，导致塑造区域精神的过程成了个别领导和工作人员的主导过程，许多真实发生在群众身上所体现出的精神没有能够提上决策者的案头，导致最终提炼出的精神不具有广泛的代表性和有效的凝聚力。畅通党和政府与民众沟通的渠道，建立起有效的政民互动沟通机制非常重要。

（三）对区域精神践行机制的规律认识不足

区域精神的弘扬践行，乃至区域文化认同，是区域精神塑造过程最重要的事情。区域精神提炼出来以后，怎么把它内化为人们的思想和行为，它的机制应当更加明确。当前社会主义国家最大的问题是，社会主义理论与实践发生矛盾时，当我们需要社会主义意识形态创新时，找不到一条合理合适的路径去践行它。恩格斯曾指出，社会主义成为科学，就要求我们去研究，把它当作科学对待。过去革命年代，我们党为什么仅仅用了 28 年就把革命搞成功了？中国共产党革命成功的历史密码是什么？就在于它把马克思主义与中国实际结合，解决了中国的现实紧迫的问题。比如，农民问题，中国共产党抓住了中国革命的关键所在。所以，即使中国根本不存在马克思主义意义上的进行革命的土壤和条件，但我们智慧地解决了马克思主义与中国实际嫁接的机制问题，革命就会成功。今天，社会主义意识形态最大的挑战，是我们自己。践行社会主义核心价值观也好，践行区域精神也好，关键就是言行一致，就是要做到"三严三实"。

地方各级领导干部要认识到，区域精神不仅是给群众提出来的，更是给自己提出来的。只有领导干部带头践行区域精神，"两手都抓，两手都硬"，才能更好地探索践行区域精神的机制。在实际工作中，部分领导干部科学发展的理念还没有形成，对类似宣传文化等弱势群体部门关注不够，认为这些工作只要把握好方向，不出问题就可以，对那些看不见摸不着、不能带来直观效益的工作事项，存在看一看、等一等、缓一缓的思想。还有一些领导干部对区域精神的认知程度不高，认为无关紧要，可有可无，甚至自己也不明白其中内涵，导致在作出各项决策和安排工作任务时，忽略了文化和精神文明建设。这种不正确的政绩观，导致部分领导干部只有在上级有考核任务时，才突击性地搞一把、应付一下，存在着区域精神可有可无的思想。总而言之，政绩观、工作观和事业观发生了偏差。因此，树立什么样的政绩观是衡量领导干部的重要标准，只有各级领导干部都树立正确的政绩观，把影响当地经济社会发展的各种原因都找到，而且有针对性地安排相关部门制定办法和对策，而不是只关注表面看得见的、能够产生现场效益的、上级领导喜欢的政绩工程、形象工程，那些隐藏在背后的、不为人们特别关注的问题才会得到有效解决。

三、区域精神塑造过程中区域整合不够通畅

区域化的经济发展、区域化的思想文化宣传，实践中已经有可供借鉴的经验。前者是京津冀协同发展，后者是浙江北仑区宣传思想文化的做法。区域精神塑造完全也可以通过区域整合，统筹兼顾，

树立区域整合理念，建立起一种科学有效的整合机制。但是，通过我们的考察和分析，地方的区域精神塑造之所以出现表述语雷同的现象，关键的问题之一就是区域整合不够通畅。具体来说，有以下三个方面：

（一）地方主义严重

改革开放三十多年，中国的区域之间的竞争可看作是一大特色。中国的各个区域主体，都会把追求经济发展和利益最大化作为自己的目标。今年《焦点访谈》报道这样一件事，山西五台山风景区政府在其管理辖区的省道上设卡乱收费，导致省内外过往的车辆多花冤枉钱，或者被迫绕道行驶，直接影响了交通的正常通行和山西的形象。这其实就是一种典型的地方保护主义现象，通过打擦边球的方式把中央和省里的政策置之度外，没有实现严格的政令畅通。正如张五常指出："从性质与活力这两方面看，中国的地区竞争自成一家，天下独有。"[1] 张维为也指出："中国模式的一个重要特点就是鼓励各个地方良性竞争，一个地方做得好，其他地方就会感到压力而跟着学。"[2] 区域竞争形成的追求利益最大化的冲动，使得各个区域主体出现严重的地方主义现象。从纵向上看，存在地方政府与中央之间的博弈。地方政府为了当地的发展，有时候会做出与中央政策相背离的事情来，像民生、环保、文化、教育等问题，都可以在GDP崇拜的狂热中置于次要的地位，导致"政令出不了中南海"。从横向上，各个地方主体，基本上不愿意从不同企业、不同政区的大区域、城市群、经济圈角度看问题，目光狭隘、不懂更不会协同，甚至为了效率不计代价、不考虑大局观念，以各种理由只顾或只讲

---

① 张五常. 中国的经济制度［M］. 北京：中信出版社，2009.

② 张维为. 中国震撼：一个"文明型国家"的崛起［M］. 上海：上海人民出版社，2011.

地方利益。

根据相关研究，一国经济特别是大国经济的发展在效率上具有区域特征。早在 20 世纪 90 年代，北京大学杨开忠教授就深刻批评那种"长期舍去地理空间，致力于没有空间的'点经济'之研究的经济学，在新的形势下，深深感到传统的苍白和不着边际"[①]。被誉为"新发展经济学之父"的张培刚教授则认为，传统发展经济学之所以在大国不能成功地发挥作用，一个重要原因就是对区域的忽视。区域发展是他创立的新发展经济学的三大特色之一。而小国经济基本不用考虑资源的区域配置问题，大国则由于其区域空间广大，地形气候多样，民族文化各异，资源禀赋有别，发展基础不同，而使经济发展的区域特征明显，区域协同必要性突出，区域发展的非均衡成为必然。[②] 由此可以看出，一个大国的经济发展必然具有区域特征。那么相应的，区域精神也应该有交叉的地方，能够找出精神价值上最大的公约数。当然，最大的问题是要打破地方主义，破除"一亩三分地"的思想，做到资源共享、协同发展。

（二）管理体制滞后

改革开放以来的历史发展表明，区域发展缺乏统一的规划、协调和领导。除了国家层面的西部大开发、中部崛起、东北振兴、京津冀一体化等大区域发展战略外，鲜有比较成功的区域发展规划，至于一省之内的小区域发展战略，其难度关键是管理体制的制约。具体来说，一是区域发展的顶层设计还不完善。区域发展的统一协调，顶层设计必须做出制度性安排，使得区域内形成较为统一的意识形态，自觉遵守规则，保证实施机制效能的充分发挥。二是区域

---

① 王山河，熊正贤. 面向可持续发展的区域营销战略研究——以广州增城市为例 [M]. 成都：西南交通大学出版社，2009.
② 武建奇，母爱英. 论区域意识与京津冀协同 [J]. 经济论坛，2015（7）：4.

整合过程中各方利益协调，体现最大化的公平，难度很大。随着经济利益的分化加剧，社会分化成了不同的阶层群体，这些不同的社会群体，因利益诉求不同，社会地位不同，极易引发劳资之间、官民之间、贫富之间、阶层之间的社会矛盾，造成不稳定的因素。三是区域整合的体制机制建设落后。进行区域经济整合必须建立行之有效的区域协调机制，设立能够有力执行统一、协调、有效的竞争规则和具有权威性的机构。但目前来看，这一方面的差距很大。京津冀协同发展的经验，可以成为借鉴。但主要的问题是，京津冀协同发展是党和国家的重大战略部署，顶层设计、政策偏向等具有很强的优势，这是其他区域没法比拟的。

区域精神或者思想文化层面整合，也需要有一个自上而下的组织框架，为区域化精神资源整合工作提供组织保障，增强区域化文化工作协调力度。这其中的原因，是区域化的特殊性规定了区域精神资源整合工作的复杂性、相关工作的交叉性以及遇到复杂问题时能够得到更上一个层面协调督促的紧迫性。因此，很有必要建立一个权威大的部门牵头、相关部门参与、能够对本区域的区域精神资源整合工作以及其他一些相关重要工作、重大问题进行沟通处置的协调机构，便于妥善解决疑难问题，形成合力。但是我们看到，区域精神塑造过程中，由于管理体制的落后，这样的协调机构一般不太可能设置，即使是已经设置，其发挥作用的力度也十分有限。鉴于此，区域精神塑造大部分都是党委的宣传部门单打独斗，这也是容易陷入形式主义和官僚主义的体制原因。

（三）解放思想不够

中国 20 世纪 80 年代以来的改革开放，是以思想领域的"实践是检验真理的唯一标准"大讨论开始的。改革初期的思想解放，使得地方、个人、企业成为为自身利益而竞争的多元化的主体，同时也促进了中国经济几十年的高速发展。但是，经过多年的改革开放实践，今天的形势已经发生了深刻的变化。一是中国经济发展已经从过去的企业竞争转变到产业链竞争。过去，市场竞争表现为单个企业之间的竞争，类似于资本主义自由竞争时期的企业，它可以通过内部机制的完善来应对外部的竞争。而产业竞争就不是一个企业可以应对得了的事情，它是一个网络，包括上游、中游、下游每个节点的众多企业，形成一个巨大的产业链。产业竞争显然比企业竞争要复杂。二是从区域竞争到群际竞争的转变。过去，是两个区域之间的竞争，而今天，城市群、经济圈之间的竞争已经成为一个不争的事实，我国倡导共建"丝绸之路经济带"和"21世纪海上丝绸之路"即是一个很好的例证。面对中国经济发展的这一变化，我们不能停留在过去的做法和套路上，而要大胆地解放思想，适应经济发展方式转变带来的机遇和挑战。

同样的道理，我们也必须在区域精神塑造方面解放思想。当前世界范围内思想文化交流、交融、交锋的较量日趋激烈，改革开放和发展社会主义市场经济条件下的思想意识多元多样多变，凝聚实现中华民族伟大复兴中国梦的强大正能量的任务十分艰巨，区域精神塑造面临的时代背景和社会语境也在发生着深刻变化。区域精神塑造要同经济发展从产业竞争到产业链竞争、从区域竞争到群际竞争这两个变化出发，以适应新形势的要求。区域精神的弘扬和培育是一项系统的社会工程，是一个互动的历史过程，也是解放思想的过程，更是伴随着区域朝着经济发展、政治民主、文化繁荣、社会和谐、生态良好、党建科学的方向发展的过程。因此，区域精神塑造要适应新形势新任务和新发展的客观需要，进一步解放思想，更新观念，注重同区域的政治、经济、文化、社会建设、生态文明建设和党的建设紧密联系，渗透在区域建设、规划和发展的方方面面。

第四章

区域精神塑造的理性选择：复合塑造模式

就塑造的本意而言，一般可以理解为特定主体基于自身目的性而对客体所进行的创造和规约，因此塑造具有主体客体二分、行为单向性等基本特征。区域精神塑造在哲学层面上是从实践到理论、理论再到实践，是马克思主义实践理论在具体领域中的反映和应用。人的实践性具有无比的丰富性，因此对于区域精神塑造不能作简单理解，不能把区域精神塑造过程简单化。正如马克思在《关于费尔巴哈的提纲》中所批评的："从前的一切唯物主义（包括费尔巴哈的唯物主义）的主要缺点是：对对象、现实、感性，只是从客体的或者直观的形式去理解，而不是把它们当作感性的人的活动，当作实践去理解，不是从主体方面去理解。"[①] 坚持马克思主义的实践观念，从丰富多样的实践活动来看，区域精神塑造是一个复合化系统化从离散到整合的过程。在此意义上，区域精神塑造其实就是区域精神复合塑造的简略化表达。

---

① 马克思恩格斯选集（第1卷）[M]．北京：人民出版社，1995：5.

第一节 国内外区域精神塑造的经验借鉴

塑造区域精神既是一项理论工程，也是一项实践工程，不仅体现在区域精神的培育和提炼上，更体现在区域精神的弘扬和践行上。从离散到整合，完成好这项系统性工程，不是一朝一夕的事情，也不是一蹴而就的事情，既需要我们认真总结国内相关经验，也需要我们充分借鉴他国有益实践。研究、借鉴、吸取国内外区域精神塑造的经验，对于我们研究区域精神塑造具有不少的积极意义。

一、国内区域精神塑造的经验借鉴

从我国区域精神塑造的发展历程来看，目前已经取得了一定的成就，积累了一些经验，对我们进一步提高区域精神塑造的科学化水平有不少借鉴。根据相关资料和研究，国内区域精神塑造的经验大体可以归纳为以下四个方面：

（一）从"软实力"竞争的高度推动区域精神塑造

21 世纪以来，特别是党的十七届六中全会以来，我们党确立了文化发展改革的主题和主线，总结了新中国成立特别是改革开放以来我国文化建设实践探索的基本结论，对于我国文化改革发展朝着什么样的目标迈进、走什么路等重大战略问题，做出了具有方向性、战略性的集中回答，是对中国特色社会主义道路的深化和拓展，是新形势下推进文化改革发展的主线，也是在我们党领导文化工作历史上具有里程碑意义的重要标志，吹响了进一步加快文化改革发展的号角。中国特色社会主义文化建设，特别是我国文化改革发展真正进入了加快发展的黄金期，真正进入了文化大发展大繁荣的春天。在这样的大背景下，区域精神塑造从过去重外转向了重内，强化"软实力"竞争成为新的竞争。像"爱国、创新、包容、厚德"的"北京精神"，"创业创新创优、争先领先率先"的江苏精神，"软实力"竞争的意蕴十分明显。

（二）科学化和民主化有利于区域精神塑造

右玉精神在科学化与民主化方面提供了很好的示范。

一是理论联系实际可以做到科学化。理论联系实际是中国共产党的优良传统和作风，能否把党和国家的大政方针、纲领政策、工作部署和措施要求变为具体行动，关键在抓落实。抓落实要有具体落实方向，要围绕群众最关切的问题抓落实，抓要务，抓大事，解决主要矛盾。在右玉，种树就是所有工作的重中之重。同时必须构建一套管理机制，从完善制度出发，要把工作任务实现层层分解，做到责任到人。在此过程中需要高度注意发挥领导干部带头作用，正像习近平同志所指出的，抓落实的作风是一级一级带出来的，要注重发挥一把手的表率作用和督促作用，带出抓落实的班子、抓落实的团队。在右玉60多年如一日坚持不懈的植树过程中，县党政机关干部发挥了极其重要的带头表率作用。领导干部始终冲在最前面，在义务植树中主动带头，并且专挑最难的地方栽。领导干部先锋模范作用的发挥，进一步激发了右玉广大群众植树热情。最后抓落实，必须责任到人。右玉的林木管护责任制落实中，按照行政和业务部门两条线逐级签订林木管护责任状，将林木管护的责任落实到具体单位和个人头上。同时，县政府与林业主管部门依据责任状的规定，定期检查林木管护工作，严格考核兑现。早在20世纪80年代，右玉县委、县人民政府就明确宣布：谁造谁有，林权不变，允许继承，林粮间作归己。2010年，右玉县全面启动集体林权制度改革，采用了均林到人、以户经营、承包、续包等四种模式，明确的责任制度，使人人有任务、人人有动力、人人有压力。在右玉，绿色"接力赛"一棒接一棒地往下传，只有方法上的改进，没有方向上的偏差。

二是坚持正确的群众观可以做到民主化。历史唯物主义突出强调，人民群众是历史的创造者，任何时候都必须尊重人民群众的主体地位。因此，群众观，也就是对待人民群众的根本态度和基本观点，体现出一个政党性质、宗旨。我们党的群众观的核心，就是坚决依靠人民群众和相信人民群众，永远为人民群众谋福利。"右玉精神"体现了群众路线的强大力量，右玉走出一条生态发展、科学发展的建设之路，靠的是"一切为了群众"，把群众呼声作为第一信号，把群众需要作为第一选择，把群众满意作为第一标准，真诚听取群众呼声，真情关心群众疾苦，真心解决群众困难，切实做到权为民所用、情为民所系、利为民所谋。右玉从不毛荒凉之地成为生态宜居县，靠的是依靠群众，相信群众，发动群众，带领群众同心干，才有一代接一代的"绿色接力赛"。我们的党员干部只要深深扎根于人民之中，同广大群众结合在一起，就有力量、有智慧、有办法，就能够经受考验，战胜困难，做出突出的业绩。右玉县塞外高原严酷环境下生态建设的奇迹，恰恰充分地说明，只要坚持用科学发展观谋划发展蓝图，用正确政绩观落实发展措施，用群众利益观把握发展方法，用综合效益观检验发展成果，敢于创新，勇于实践，就一定能够走出一条人与自然和谐共生、经济与社会良性互动的可持续发展之路。这里有许多值得深刻挖掘并理性认识的共性问题和需要学习借鉴的有益启示。首先是要有深厚的群众感情。过去革命战争年代，我们靠群众的支持取得了革命的胜利。革命胜利以后依然要依靠群众，这是马克思主义的基本观点，也是共产党人的政治情怀。像焦裕禄这样的优秀县委书记正是怀着对人民群众的热爱才会一身扑在工作上，赢得人们的爱戴。今天，世情国情党情都发生了深刻的变化，但无论怎么样变化，我们党的优良传统和作风不能忘记，要一代一代传承下去。依靠群众，热爱群众，这是我们做好一切事情的重要思想方法和精神力量。其次要保持艰苦奋斗的优良作风。在革命党转为执政党之后，我们党还能不能保持过去的优良作风呢？毛泽东同志对这个问题有过深邃的思考，提出了"两个务必"的重要论断。改革开放以来，我们国家发生了天翻地覆的变化，经济总量跃升为世界第二位。但总体说来，社会主义初级阶段的基本国情并没有改变。这个最大的国情，要求我们继续保持艰苦奋斗的作风十分有必要。最后是不断改造主观世界。马克思主义讲改造客观世界的同时要改造主观世界，达到主观与客观的辩证统一。改造主观世界是历史的不是一劳永逸的，是具体的不是抽象的。我们新一代中国共产党人，面对复杂多变的国际形势和国内改革发展繁重的任务，必须自觉改造我们的主观世界，肩负起改革发展的重任。

（三）区域精神塑造方式走向多元开放

从历史经验看，我们党思想文化宣传，一般先由中央层面的宣传机构进行顶层设计，然后地方层面的宣传机构积极配合，采取自上而下的路径普及到社会的方方面面。实际上，20世纪的区域精神塑造，大体也是这样的路径。新世纪以来，区域精神塑造方式发生了变化。首先是高校和科研院所等智囊机构的加入，使得区域精神的提炼注入了更多的学理性因素，北京和广西的情况即是如此。其次是面向社会征集建议的方式，使得区域精神塑造的民意基础更加广泛，像甘肃、云南、福建等地采取的"重奖提神"的方法，走的是从群众中来、到群众中去的群众路线的方式。还有采取"动员模式"的，即是"由地方党委先提供一定数量的精神表述语选项，后在辖区内进行广泛社会动员，经由民众网络投票海选、专家论证和民众代表建议等步骤之后，最终确定本地精神表述语。"①

（四）区域精神塑造内容注重多维度表达

落后国家搞社会主义，大力发展经济，实现现代化是第一要务。从"多快好省"到"效率优先、兼顾公平"，再到"聚精会神搞建设、一心一意谋发展"，直到现在的"创新发展、协调发展、绿色发展、开放发展和共享发展"，发展是一以贯之的主线。新时期以来，我们党对过去发展模式进行反思，提出科学发展观，按照"统筹城乡发展、统筹区域发展、统筹经济社会发展、统筹人与自然和谐发展、统筹国内发展和对外开放"的要求推进各项事业发展的方法改革，是我党发展战略的重大调整。所以，按照科学发展观的要求，区域精神塑造的内容就要由过去单一重视发展的内容向科学发展的内容转变。创新、协调、绿色、开放和共享五大发展理念，是关系我国全局发展的一次深刻变革，是当前及今后一段时期我国发展思路、发展方向和发展着力点的集中体现。具体来说，区域精神塑造的内容，不仅包括了过去的发展主义目标、世俗主义目标，还加入了传统文化、人文主义和道德主义目标，内涵发生了深刻的变化。因此，区域精神塑造内容的多维表达成为我们可以借鉴的一个重要方面。比如山西精神里的"信义"、太原精神里"尚德""诚信"，都体现了这个变化。相信未来的区域精神塑造也一定会朝着内容多维度表达的方向持续推进。

案例五：晋中精神的塑造

2012 年 10 月 30 日晚，晋中电视台正式向社会发布了晋中精神的表述语："明礼诚信、开放包容、艰苦奋斗、唯实唯先。"标志着

---

① 张佳俊. 精神互动与主流意识形态重构——中国模式视野中的"区域精神运动"[J/OL]. 中国改革论坛, http://www.chinareform.org.cn/society/manage/Report/201211/t20121118_ 155171.htm.

晋中市区域精神的正式诞生。半年时间当中，300 多万晋中人民大讨论集思广益，16 万干部群众直接参与，2 万省外热心人士发来讨论内容，18 场专题研讨，数百位专家学者发表真知灼见，产生了 3 万余条表述语、2000 多篇征文征言。在此基础上凝练概括出晋中精神。

2011 年 6 月至 8 月，晋中市委主要领导多次提出，要深入挖掘晋商精神、太行精神、大寨精神的深刻内涵，形成支撑晋中发展的思想基础、道德规范和精神动力，用富有时代特色的"晋中精神"引领晋中腾飞。

2012 年 2 月 27 日晋中市委常委会正式提出提炼新时期的"晋中精神"。3 月 5 日，"晋中精神"大讨论活动正式启动，并召开了新闻发布会，成立了"晋中精神"大讨论活动领导组办公室，培育提炼"晋中精神"正式拉开帷幕。市委宣传部门围绕什么是"晋中精神"和为什么提炼"晋中精神"，组织开展大规模宣传活动，引导全市干部群众积极参与。晋中日报、晋中广播电视台等主流媒体充分发挥舆论喉舌作用，开设了"晋中精神大讨论"专题专栏，刊出了标语口号和公益广告，发表了系列评论员文章，刊登了"晋中精神"表述词征集启事，集中采访了数百位群众代表。手机短信和网络平台等新媒介适时发出公益信息 260 万条次。一个月的时间里，群众网上点击关注率超过 2 万人次，参与人数达到 2200 余人，活动办公室收到群众直接来函来邮 132 封，电话留言 346 条，表述语1695 条，这些在大讨论基础上经过市民深思熟虑、表述工整的征集词，为提炼"晋中精神"提供了积极元素。

从 2012 年 4 月底开始，"晋中精神"培育提炼进入征集讨论阶段，各种形式的座谈会、研讨会、演讲赛、现场访谈相继展开。市社科理论界的专家学者充分发挥思想库的作用，引经据典，旁征博引，提出了诚信、坚韧、求实、奋进；开放、包容、奉献、争先；

艰苦奋斗、百折不挠、敬业诚信等表述语，希望用最准确的词语来概括"晋中精神"的内涵。11个县和开发区、文化教育界、人大代表、政协委员、市直机关、群团组织等先后举办18场专题研讨，不同角度多种声音在碰撞和融合中不断统一，诚信、开放、包容、求实、坚韧不拔、艰苦奋斗等词条逐渐脱颖而出。最后，大讨论活动领导组办公室充分吸纳群众智慧和专家意见，提出了5条候选表述语。即"明礼诚信、开放包容、艰苦奋斗、唯实唯先"，"诚信、包容、求实、争先"，"至诚至坚、唯实唯先"，"汇通天下、求实争先（汇通天下、敢为人先）"，"信义天下、和衷共进"。8月中旬，就5条候选表述语向市县共72位主要领导发送征询意见函，在更高层次征求书面意见。最终，最受群众和领导肯定的第一、二条候选表述语被呈交市委常委会讨论。

2012年10月15日，市委常委会讨论决定，"晋中精神"的表述语确定为"明礼诚信、开放包容、艰苦奋斗、唯实唯先"，这也是在广大群众和各级领导中具有较高支持率的表述语。"明礼诚信"是晋中的基本文化传承，是晋商精神的精髓，是晋中大地积蓄深厚、永不过时的精神财富。"开放包容"是晋中地域特征的基本取向，是晋中文化的历史积淀，是晋中实现合作共赢的执着追求。"艰苦奋斗"是晋中人民长期形成的优良品质，是太行精神、大寨精神的核心内涵，是晋中保持危机感、责任感的生动体现。"唯实唯先"是晋中取得成就的精神动力，也是晋中人赶超发展的精神风貌。"晋中精神"的价值在于，以其巨大能量辐射全局，进而推进全市人民的文化认同，凝聚了全市人民的发展合力。

"晋中精神"培育提炼的过程，经过了领导发动、征集讨论、集中研讨、征求意见、党委决定、隆重发布等不同阶段，是一次全民精神唤起与理想张扬的过程，是一次从实践中来到实践中去的理性升华过程。带给我们的启示主要有：党政主要领导的发动是塑造区域精神的直接动力，宣传部门的造势是塑造区域精神的有效手段，人民群众的参与是塑造区域精神的强大力量，科学提炼的过程是塑造区域精神的典型路径，专家学者的讨论是塑造区域精神的必要补充。

二、国外区域精神塑造的经验借鉴

从世界现代化发展历程来看，西方国家率先实现了现代化，积累了区域发展和城市发展的经验，发展中国家可以"洋为中用"，借鉴国外在区域精神塑造方面的长处和经验。根据相关资料和研究，国外区域精神塑造的经验大体可以归纳为以下四个方面：

（一）在反思现代化中坚守传统

现代科学技术起源于西方，它在推动人类进步和文明发展方面起了不可替代的作用。但是，现代科学技术给人类造成的困惑就是，在现代化过程中人类如何保护和传承传统文化。马克思曾在《共产党宣言》里表示过这种忧虑。20世纪中叶以来，西方国家的一些城市，在新技术和不动产利益的驱动下，进行了大规模的城市建设。写满历史沧桑、刻下时代烙印的旧的街道、住宅一夜之间消失殆尽，代之而起的是高密度、高容量商贸中心、会展中心，原来的景观和品质荡然无存。在这样的情况下，城市学家、社会学家、地理学家以及人类学家等都开始反思"现代化"给城市带来的"破坏"。大家普遍认为，现代化的城市建设，破坏了传统的城市精神和品质，割断了城市的文脉，淡化了城市的形象，模糊了城市的记忆。如何亡羊补牢，像国内的一些地方进行大规模的建筑复古风一样，西方一些国家的城市积极上马了一批人造历史空间，并模拟历史事件进行街头表演，期待把人们拉到历史的现场，人为地把历史与现实拼图在一起了。但很明显，这样的人为拼图，人与场景之间缺乏有机的联系，它们只是政治与经济联姻产下的胎儿，与真正的区域文化并没有实质的联系。

于是最后的办法就是真正回归到城市的传统记忆里去，让老建筑成为城市精神的主要载体。老建筑体现城市精神，还需要公共空间，公共空间里需要上演主题事件，城市精神塑造的"三位一体"成为国外城市精神塑造的有效途径。首先，老建筑是一个城市的集体记忆，它包含有城市的所有信息，是城市精神传承的主要载体。国际上，1965 年的《威尼斯宪章》与 1979 年的《巴拉宪章》为世界城市对于建筑遗产及其历史地段的保护提供了决策框架，也明确指出历史建筑的文化意义包括了一种社会学的或者人类的精神价值。① 像巴黎的卢浮宫和伦敦的议会大厦，它们都是城市精神的象征，展示了城市文化的厚重与品质，前者蕴含了典雅、艺术、浪漫的精神，后者则蕴含了严谨、守时、理性的精神。其次，公共空间如何体现城市精神的功能。巴塞罗那的做法是：对广场、街道等进行改造，最大限度还原历史原貌，保护存留的古代街灯、修复沿街的历史建筑、重新设计小公园和林荫道等，极大地提升了城市空间的品质，较好地体现了城市的精神。最后主题事件的上演。像街头表演、庆祝活动、文化复古等主题事件，它的一个作用就是唤醒现代人的历史记忆，在文化上从现代回到过去的体验，重新激发人们对历史文化的关怀。其实文化是一个非常复杂的话题。西方从文艺复兴到启蒙运动，对文化的争论一直没有停止。启蒙运动中卢梭提出科学和文艺发展导致的一些问题，确实应该引起人们的重视。科学技术发展会不会自然促进人类文化的发展呢？文化有没有先进和

---

① 陆邵明. 城市精神, 提升城市魅力 [DB/OL], http://world. people. com. cn/GB/57507/15096068. html.

落后之分？这些争论也确实让西方人进行反思。英国是工业革命的发源地，但是几百年来无论现代化怎样发展，像伦敦这样的国际大都市，稳定有序，坚守传统，很好地把现代和传统融合起来，展现了独特的城市精神和区域精神。

（二）以支柱产业引领区域精神塑造

西方一些国家的城市，往往以某一个支柱产业而闻名于世。像汽车城底特律、电影城洛杉矶、会展城市汉诺威等，都有自己特有的城市文化。像洛杉矶，它的支柱产业从航空工业到电影业，再到音乐娱乐产业，都极大提升了这个城市在北美乃至全世界的影响力。1984年，洛杉矶举办了第二十三届奥运会，更是丰富了这个城市的精神内涵。德国城市汉诺威则是以会展经济引领城市精神。1947年起每年在此举行国际工业博览会。随着工业化发展以及全球化的深入，人类越来越面临着一些共同的挑战和问题，比如气候问题、生态问题、能源问题。汉诺威城市精神塑造抓住了这个主线，它的会展便以人类普遍关心的诸如可持续发展、人与自然和谐相处等展开，塑造了自己在全球化和信息化时代的文化形象。

（三）市民生活和追求与区域精神塑造融为一体

市民生活与追求与城市精神融为一体的城市比较典型的是日本的大阪。城市在人类文明发展进程中起着非常大的作用。可以说，城市的出现是人类进入文明社会的重要标志。城市是诗意的栖居之所，还是拥挤的蜗居所在；是为了人生活美好的城市，还是束缚压抑人的伤心之地。在城市的定位上，大阪就是一个平民的城市。作为平民的城市，每个市民都在其中找到了生活的乐趣和自己的位置。可以说，城市文化就是市民生活，它的区域精神与市民生活是高度一体的。大阪一年当中有很多节日，比如1月的十日戎，4月的樱花节，7月的住吉节，9月的岸和田花车祭，10月的秋英花节，12月的大阪城 3D 映射超级彩灯等，这些节日很好地把市民的生活与追求和城市精神与区域精神有机地融合到一起。这种有机整合其实正是生动真实体现出当地区域精神文化，具有很强的借鉴意义。

（四）多种力量共同作用形成整体合力

在弘扬价值观和塑造区域精神方面，国外一些国家多种力量共同作用形成整体合力的做法值得我们深思和借鉴。一是执政党的绝对倡导并主导。执政党作为推行主流意识形态的绝对主导性主体，作用和地位不容置疑、不可替代。恩格斯指出："一个新的纲领毕竟总是一面公开树立起来的旗帜，而外界就根据它来判断这个党。"①2003 年德国时任总理施罗德发布政府声明，提出要推行强制再就业措施，提高社会就业率，改革失业保险和救济制度，降低税率以刺激消费和投资，增加教育经费等，强调关注民生、关注就业、关注教育、关注社会保障，充分展现了人人平等、公平公正的社会核心价值观。② 二是法治力量的充分保障。法治是与现代社会发展相适应的一种生活方式，是社会存在和发展的基本条件，也是弘扬社会主义核心价值观的基本保障。欧美国家都十分重视用法律的制度和权威来弘扬和践行社会核心价值观。"美国宪法是近代世界史上第一部成文宪法，也是历史最悠久的宪法。"③ 法国宪法明确规定，法兰西

---

① 马克思恩格斯选集（第 3 卷）[M]. 北京：人民出版社，1995：325 – 326.

② 陈延斌，牛绍娜. 欧美社会核心价值观传播的主要路径 [N]. 湖北日报，2014 – 4 – 8.

③ 严格地说，联邦宪法并不是第一部宪法，因为美洲早在殖民地时期就有了自治宪章（Charter），而在独立之后形成的 13 州各自也有宪法，之后又有了《邦联条款》（Articles of Confederation）。只是在邦联形式被证明不能令人满意之后才召开了历史性的费城会议，并起草了联邦宪法。联邦宪法也不是历史最悠久的宪法，因为尽管各州以后都屡次重新制宪，马萨诸塞州的宪法延续至今，因而其年代较联邦宪法更为悠久。参见张千帆. 西方宪政体系（上册）：美国宪法 [M]. 北京：中国政法大学出版社，2000：37 – 45.

共和国坚持"自由、平等、博爱"。正是借助宪法和各类法律文件的保障和影响，使得守法、公正、自由、平等、博爱等价值观得以弘扬和践行。三是非政府组织的助推。美国任何公民从出生到死亡都要与非政府组织发生千丝万缕的联系，人们的吃穿住行、教育、医疗、社会福利、就业等事关切身利益的需求都要借助于非政府组织，各项合法权益的维护、对多元化利益格局的诉求、对政府意见的表达等也要通过非政府组织的援助。每个非政府组织所倡导的公平、公正、自由、人权等理念都潜移默化到公民的价值观念形成和思维方式过程中。四是国民教育的主渠道作用。法国前总统密特朗曾经大力倡导在国民教育中弘扬"宽容、公正、进步和团结"的价值观，让"民主、科学、自由、法治"的精神理念从青少年学生的心灵起点处生根发芽。五是大众传播媒体的支撑。欧美国家通过电影、动漫等文化传媒方式的吸引力和亲和力，不仅仅在国内具有较强的传播力和影响力，对世界各国观众思想和行动上产生的影响也不容置疑，其中所蕴含着深刻的自由解放、个人主义、文化拯救等美国精神指引下的核心价值观，已经不同程度地在各国青少年群体中产生效果。①

综合起来看，国内外在区域精神塑造方面给我们提供了一些好的经验和启示。相比我们自己的做法，最重要的一条是：区域精神不是物质生活系统的直白表述和反映，也不是从科研人员的研究室或理论工作者的创作室中产生出来，而是来源于一种长期积淀，赋予了区域文化以独特品质，在历史发展的长河中逐步显露出来的。城市精神是一种文化和生活方式。在一定意义上，国内好多城市的人造城市景观与过去的破坏古迹一样都是在破坏。城市精神是从市

---

① 陈延斌，牛绍娜. 欧美社会核心价值观传播的主要路径［N］. 湖北日报，2014 – 4 – 8.

井生活里提炼出来的，而不是人们主观想象出来的，更不是政治强加给社会的。我们党有一个优良传统，就是群众路线。其实区域精神塑造，如果真正坚持从群众中来，到群众去的方式，就是去市井生活里寻找文化、发现价值、塑造精神。

第二节　区域精神复合塑造模式的基本内涵

从离散到整合的区域精神复合塑造内在地体现了马克思主义的实践理论。深刻把握实践理论，坚持实践观点，实现区域精神的复合塑造，是体现历史唯物主义精神的理性选择。区域精神的复合塑造模式，集中体现在内容取向的复合、塑造过程的复合、影响因素的复合、根本价值功能的复合以及塑造主体的复合。

一、区域精神塑造内容取向的复合

区域精神在外在形态上表现为具体的语言表达，这种语言表达所反映的一定是人的生活实践以及对生活实践的期望。马克思曾在《关于费尔巴哈的提纲》中精辟地指出："全部社会生活在本质上是实践的。"[1] 这就意味着，首先构成社会的人是从事实践活动的人，推动社会运动的力量是千百万人的社会实践活动；其次社会生活的全部内容就是不断进行的社会实践；再次实践既是人的自觉能动性的表现，也是人的自觉能动性的根源，是人的生命表现和本质特性。区域精神塑造作为一种具体的实践活动，自然也符合这一历史唯物

----

[1]　马克思恩格斯选集（第1卷）[M]．北京：人民出版社，1995：5.

主义客观规律。因此区域精神塑造内容取向的复合在本质上是这一规律的要求。

区域精神作为社会实践的表达，同时社会实践的主体是千千万万个社会成员，就必须能够涵盖这些千差万别的社会主体，能够表达出他们共同认同的精神价值。由于精神的创造主体数量的巨大和实践方式的多样性，在实践中所形成的精神类型和精神内容就具有非常多的内容。社会群体由于实践领域和方式的不同，对于这些精神类型和精神内容的认同程度就会形成比较大的差异。所以区域精神塑造过程就意味着对于在这种巨大差异性之中寻求共性，找到区域成员所共同认可的最大公约数。在差异性中寻求共同性，是区域精神塑造的重点也是难点。马克思历史唯物主义揭示，人的社会实践存在丰富性，同样也存在规律性。人的社会实践推动着社会进步，反映着人的生命的本质特性。这为我们在概括凝练区域精神过程中提供了根本性的指导，必须以复合化的方式来抽象具体的社会实践。区域精神在内容取向上的复合，具体表现为以下几个方面：

在区域精神塑造中，首先要选取复合的时间维度，简言之，就是要能够贯通历史、现实和未来，能够充分总结出人们实践的历史、能够充分反映出人们实践的现实、能够充分表达出人们实践的期望；就是做到传统、现实和目标的融合，以传统作为立足基础，以现实作为认同根本，以目标作为未来引领。这样塑造区域精神就形成了一个开阔的时空表达，就会形成一种厚重、现实和充满希望的形象。其次要选取复合的内容领域，要能够形成文化、经济、社会和政治的多领域复合，也就是说要能够对本区域成员在多个领域的实践精神做出概括和表达，只有这样才能充分获得不同实践领域中人们的普遍认同。再次要选取复合的精神层次。

区域精神对于区域成员是精神引领，在区域精神凝练概括时，要选取复合的精神层次。具体而言，区域精神要从伦理道德、意志品质和行为导向三个方面进行表述，明确所要坚守基本的伦理道德、需要弘扬的精神品质和需要遵从的行为导向。

在区域精神塑造过程中，要做到内容取向上述三个方面的复合，在区域精神的论证筛选环节一定要能够据此确立一个相对明确的筛选标准，避免无谓的争论和可能出现的缺失。内容取向复合塑造具体标准可以参见下图：

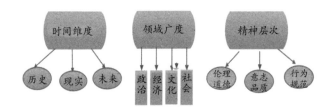

图4　区域精神塑造内容取向复合的三个维度图

只有做到区域精神塑造中内容取向上的复合，才能够形成一个清晰、多元、立体的区域精神表述，才能真正确立一个区域完整的精神形象。

二、区域精神塑造过程的复合

区域精神塑造必须遵循实践—理论—实践的逻辑，所以区域精神塑造不是一蹴而就，或者是一个阶段性的"点"性行为。实践—理论—实践的逻辑，决定了区域精神塑造是一个前后关联的"线"性行为，是诸多环节的复合。这些环节按照实践—理论—实践的逻辑，前后继起，相互关联，完成区域精神的塑造过程。北京精神的提炼塑造，在一定程度上反映了区域精神塑造的复合过程。

事实上，从广义的区域精神塑造来看，区域精神塑造的过程需要进一步拉伸。完整的区域精神塑造过程应当包括以下环节：第一，动议酝酿。在这个阶段过程中，主要是作为区域精神塑造主导部门的党政领导部门提出区域精神塑造的动议，并由相关部门如宣传部门组建专门的工作机构，进行相关工作的前期准备。在这个环节最重要的是一定要对区域精神的定位和基本功能形成准确认知，明确本区域的区域精神塑造的目标和任务，避免盲目跟风攀比。第二，通知征集。区域精神塑造不能闭门造车，也不是某个领导或部门拍脑袋想出来的。区域精神塑造也要贯彻群众路线，要积极宣传，面向全社会进行征集，这也是区域精神塑造逻辑的必然要求。通知征集环节中，一是要尽可能大地扩大征集的范围，主要向本区域成员征集，也可以通过向生活工作在本区域的其他人员访谈，了解本区域给他们的精神形象感知；二是要对征集内容进行归类分析，确定征集对象所处的生活领域、工作内容和社会层次；三是要采取多种手段进行，避免单一化。只有这样，征集工作才不至于变成认认真真或轰轰烈烈地走过场。第三，概括提炼。在广泛征集基础上，需要在众多的内容选项中进行概括、提炼，确定区域精神的最终表述。在此环节中，一是必须成立专家团队，进行分析和论证；二是利用上述内容取向标准进行全面衡量；三是必须保证多次进行，反复概括提炼。条件允许可以在更大层面上进行了解和回馈，不断完善。第四，宣传教育。区域精神完成概括提炼，就要面向本区域进行全覆盖式的宣传教育，做到广为人知。由于区域精神的高度凝练，宣传教育一定要采取具体的形式做载体，比如说通过典型人物、事件的宣传，使区域精神从抽象转为具体，从文字变为人物事件。第五，内化践行。区域精神不能停留在口头上，纸面上，必须转化为区域成员的自觉行为。这就要求在宣传教育的基础上，使区域精神由外在的表述转化为内在的行为自觉，这需要一个相对较长的内化过程。

可以通过评选区域精神践行先进人物的方式等，加快强化内化的过程，使人们能够见贤思齐，以区域精神自觉引导自身的行为。区域精神复合塑造过程见下图：

图5　区域精神复合塑造过程的关键环节图

三、区域精神塑造影响因素的复合

区域精神塑造都是在特定区域内、一定社会环境中进行。如同地理地貌形成是各种自然因素，包括风力、地壳运动、火山活动等因素合力塑造而成。区域精神塑造尽管是一种主动性行为，但绝非能够脱离具体的实际，也是在诸多因素影响下形成的，也是一种合力行为。正如马克思所指出的："各个人的出发点总是他们自己，不过当然是处于既有的历史条件和关系范围之内的自己，而不是玄想家们所理解的'纯粹的'个人。"①

影响区域精神塑造的诸多因素中，最关键的因素包括区域地貌、历史传统、发展目标和意识形态等四个方面。区域地貌是形成区域精神最直接的力量，也是区域精神的身份证。一定的区域地貌，会

---

① 马克思恩格斯选集（第1卷）[M]．北京：人民出版社，1995：19．

锻造一个地区人们基本的精神风貌，当然既包括正面的也包括负面的，区域精神就是要提炼其中的正能量，这方面会反映出本区域最基本的价值导向，因为这是区域成员在与自然的生存博弈中累积下来的生存精神，是经过残酷自然验证了的生存法则和经验的升华。历史传统是一个区域地域文化的核心内容，是一个区域当中代代传承的基本文化基因形成的根本。因此历史传统所塑造和传承下来的精神，总是最容易获得区域成员最大程度的认可。几乎所有的区域精神塑造，都不可能脱离历史传统，这是区域文化潜移默化的渗透。区域发展目标是区域的未来规划，是区域精神发挥精神引领的基础。区域发展目标一般是一个复合型的目标体系，涵盖了本区域的文化、社会、经济、政治等领域的发展诉求，因此与这些目标对应，文明、和谐、富强、清明等词汇就会高频出现在区域精神的表述之中。意识形态是区域精神塑造的根本价值指导，区域精神作为地方性的精神价值，必须符合国家意识形态所确立的主流价值规范。区域精神是国家意识形态在地方层面上的具体阐释。同时还需要明白一点，这四个关键因素并非孤立影响，它们之间也处在一个非常复杂的相互作用关系之中，处在一个动态的关联之中。

区域精神塑造影响因素的复合，首先，为我们解读区域精神提供了最基本的视角。一个地区为什么形成这种区域精神表达，背后折射出的是复杂的区域因素。其次，我们在区域精神塑造过程中，找到了立足自身、避免雷同的基础，区域精神必须成为地方的精神名片，而不是人云亦云的照猫画虎。再次，区域精神只有考虑到不同的影响因素，塑造过程中才能避免一元独大，才能避免出现不应该的缺失。最后，区域精神影响因素的复合，也决定了一种区域精神提出后，在特定区域的认同程度。基于区域精神塑造影响因素的复合，在具体的塑造实践中，至少要在上述四个层面上做出明确的总结、概括，先形成区域精神塑造的基本背景条件，然后在此基础上进行塑造活动。明确和理解区域精神塑造影响因素的复合性，主要是把握区域精神是合力塑造的结果。区域精神塑造关键复合影响因素见下图：

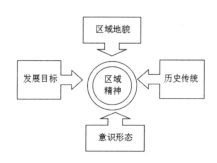

图6　区域精神塑造关键复合影响因素图

四、区域精神塑造根本价值功能的复合

区域精神塑造本质上是社会意识领域中的积极行为，区域精神塑造除了对于地方区域发展的重要意义之外，作为社会意识领域中的活动，从根本上要与国家意识形态发生最为密切的关联。在意识形态层面上，区域精神塑造实质上意味着国家意识形态的区域化实现。这种区域化实现对于国家与地方双方而言，具有极为重要的价值意义。在区域精神与国家意识形态的双向互动中，区域精神塑造体现出价值功能的复合。这种复合集中体现在以下层面：

首先，保持意识形态话语体系的高度一致。地方政府在国家意识形态的自下而上的灌输体系中具有非常重要的作用，尤其在当前中国社会发展的特定阶段，社会对于整体共识形成的要求日益突出。毋庸置疑，对于国家整体利益而言，在国家主导意识形态基础上形成共识是最理想的状态。但是改革开放以来地方自主性的扩大以及区域竞争的发展，国家意识形态在地方政府层面上面临过滤性选择。尤其是在市场经济发展初期出现的比较突出的地方保护主义问题，也要求在理论资源上获得正当性的阐发，更加重了这一问题。一些地方的区域性发展目标和口号明显带有这一倾向。因此区域精神塑造强调国家主导性意识形态的根本价值引领和规约，非常有利于保持中央与地方在意识形态话语体系上的一致性。尤其从区域精神塑造的实践进程来看，主要是围绕中央提出的社会主义核心价值体系的重大命题布局，体现了地方对于中央的积极响应，有利于国家意识形态自上而下地建构与完善。其次，积极推进地方的发展伦理的调整与重构。近年来国家的整体发展战略发生了重要的调整，既包括经济领域，也包括社会文化领域。尽管地方的发展战略必须符合国家整体战略的要求，但是不容回避的是，改革开放以来地方政府在竞争中所形成的发展导向依然表现出重大的惯性，例如 GDP 作为地方发展的核心指标的理念，短期内很难因为中央强调"不唯GDP"的导向调整而发生变化。这样尽管地方整体表现出对于中央权威的服从，在具体的意识形态领域中则存在冲突。区域精神塑造过程，必然会在发展的伦理层面上对地方发展战略进行反思，以区域精神塑造为契机，从根本上重新塑造区域发展伦理，从而为地方发展战略与中央步伐一致性调整解决精神层面的问题。第三，发挥地方意识形态阐释功能。区域精神塑造具有很强的实验和示范性，地方区域精神塑造中的有益尝试，可以为国家意识形态的建构与阐释提供积极支援。同时，作为国家意识形态的一些重大命题，如建构社会主义核心价值体系，也需要地方结合自身实际的积极参与，共同破题、解题，形成对国家意识形态命题的鲜活阐释。在这一点上，改革开放初期所广为传颂的"特区精神""浦东精神"，在对中央改革开放命题的实践阐释中所发挥的作用值得我们认真反思总结。与时俱进，通过新的区域精神的塑造可以为新命题的破解提供积极作用。

区域精神塑造价值功能的复合在具体的实践过程中，主要是要明确区域精神塑造与国家主流意识形态建构完善的双向作用关系，在国家意识形态的根本指导下，发挥地方在区域精神塑造中的灵活性与自主性，形成符合社会主义核心价值体系要求的、具有鲜明特色的区域精神。

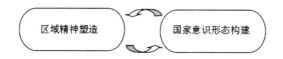

图7 区域精神与国家主流意识形态构建的复合关系图

五、区域精神塑造主体的复合

区域精神塑造所遵循的从实践到理论，再从理论到实践的逻辑规律，决定了区域精神塑造主体是多元的，包含多个社会主体。这些主体在区域精神塑造的不同阶段发挥自身的作用，形成复合性关联关系，共同推进区域精神塑造。

区域精神塑造的复合主体主要包括：人民群众、党政领导部门、宣传教育部门和专家咨询机构。其中人民群众是塑造主体，党政领导部门是塑造的主导，宣传部门是塑造的承担者，专家咨询机构是重要的参与力量。党的十七届六中全会指出："人民是文化创造的主体力量，要充分尊重人民在文化建设中的首创精神，为人人成为社会主义文化建设者提供广阔舞台，充分挖掘蕴藏于人民之中的文化创造潜能，使全社会的文化创造活力竞相迸发、充分涌流。"① 在区域精神塑造过程中同样要尊重人民群众的主体地位。任何区域精神初期都是在人民群众的实践中展现出来的，概括提炼的区域精神最终也必须为人民群众认可接受，在新的实践中自觉践行。党政领导部门的主导作用主要在于能够及时提出塑造区域精神的目标任务，并形成工作的基本标准准则。宣传教育部门一是前期承担区域精神征集、概括、提炼的组织工作，后期承担宣传教育职能，使区域精神在本区域内能够做到人人皆知，推进他们的自觉践行。专家咨询机构在区域精神塑造的整体设计和关键词提炼过程中是必不可少的参与力量，以保证区域精神塑造的科学性和准确性。

区域精神塑造主体的复合，要求我们当前区域精神塑造一是要能够真正总结人民群众的伟大实践，概括提炼区域精神，这就要坚持群众路线，深入到群众中去；同时必须畅通人民群众的参与渠道，使人民群众能够充分表达自己的声音；另外要形成制度机制，保证专家咨询机构的常态化参与。

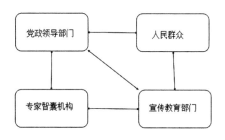

图8　区域精神塑造过程中各参与主体及其相互关系图

① 中国共产党第十七届中央委员会第六次全体会议公报［N］．人民日报，2011－10－19.

第三节　区域精神塑造模式的基本价值取向和原则

从离散到整合的区域精神塑造是一项科学性和系统性工程，必须坚持正确的指导思想、基本的价值取向和科学的塑造原则。

一、区域精神塑造必须坚持的基本价值取向

一个时代的主导精神，是引领时代前进的旗帜。人类历史的发展和前行，离不开精神的引领。区域精神尽管有典型的区域性特征，但从社会主义核心价值理念来看，必须坚持一些基本的价值取向。比如突出道德修养。道德修养是人们的道德认识和道德行为的综合反映，直观地反映出一个人的道德水准和道德素质的高下。道德修养的提升，需要利用多种形式，通过各种途径，不断强化理想信念教育、爱国主义教育、科学的人生观和价值观教育，进行以为人民服务为核心、以集体主义为原则的社会主义道德和公民基本道德规范教育，提升整体道德水平，形成良好社会风尚。

（一）开放包容的精神

开放包容是个有机的整体。中华精神本质上是开放精神，也就是要积极引导区域范围内的人民群众坚决破除与现代化建设和市场经济要求不相适应的依赖、保守、平庸思想，打破影响科学发展和全面建成小康社会的制度、体制和机制藩篱，解放思想、与时俱进，树立远大的理想和开放的胸怀，自觉以世界的眼光来对待自己的事业和社会的发展。包容，即宽容与容纳，是中国传统文化的精髓。包容的实质就是"仁"与"和"，要仁爱、真诚、诚信、有责任，

要以和为贵、求同存异、追求和谐、追求真善美。开放是包容下的开放，包容是开放下的包容，二者紧密相连，不可或缺。践行开放包容，就是要做到自信、自强与自觉。自信，就是对自身存在价值的充分肯定，坚持中国特色社会主义的道路自信、理论自信和制度自信，树立正确的世界观、人生观、价值观；自强，就是立足自身实际，依靠自身力量，实现个体价值，实现梦想之旅，实现强国之路；自觉，就是自我觉醒、自我反思、自我超越，以责任、担当和执着的精神唤醒个体内心的潜意识并体现在思想和行动中。开放包容的精神，是区域精神应当坚持的首要价值取向。

（二）艰苦奋斗的精神

人的生存与发展，始终受到各种环境的制约。人类文明的辉煌，建立在人对于各种艰难困苦的斗争。从人类文明发展的角度，艰苦奋斗的精神永远都是一种积极、健康的生活态度和思想境界。艰苦奋斗的精神可以穿越历史的时空，始终都是我们应当秉持的精神力量和崇高美德。艰苦奋斗精神是一种不怕艰难困苦、奋发图强、艰苦创业，为国家和人民的利益乐于奉献、英勇顽强的斗争精神。艰苦奋斗是与人类社会发展同步的精神理念，在任何时候都不能忘记，更不能丢掉。人类社会发展的历史和现实表明，一个没有艰苦奋斗精神做支撑的民族，是难以自强的；一个没有艰苦奋斗精神做支撑的国家难以发展进步；一个没有艰苦奋斗精神做支撑的政党，难以兴旺发达。在改革开放和社会主义现代化建设的今天，弘扬艰苦奋斗、自强不息精神意义不言而喻。

（三）团结和谐的精神

五千年的文明发展，依靠各民族的团结，创造了中华民族整体的辉煌。团结和谐作为历史传承的优良传统是在当代依然需要加强的道德操守，这是我们的力量源泉，也是中华民族实现伟大历史复兴的精神保证。和谐精神是中华民族基本的民族精神，是一种以和谐的社会观为核心的道德观念，是形成全社会共同的理想信念和道德规范，是打牢各族人民和各界群众团结奋斗的思想道德基础。倡导和谐理念，构建和谐社会，在新的历史条件下进一步提炼团结合作精神，高扬团结和谐的思想旗帜，展示和谐、和合、合作思想，对于区域保持稳定、加快发展、富裕人民意义非同一般。

（四）诚信务实的精神

诚信是维系人类关系、组织社会生产、有效管理国家的精神纽带。诚实守信是中华民族精神的珍贵气质，是中华文化长期稳定的道德积淀，是当今时代为人的品格、做事的德行、从政的情操。"务实"就是注重实际、崇尚实干。敬业精神，就是指对工作对事业全身心忘我投入精神和认真踏实、恪尽职守、精益求精的工作态度。奉献是指一种因爱而自发生成的对外在（他人、事业、祖国等等）不求回报的全身心付出。务实精神作为中国精神传统和核心价值理念，尤需大力传承并使之不断发扬光大，要以求真务实、诚信敬业的作风推进各项工作，踏石留印，抓铁有痕，多干一些打基础、谋长远的事。

（五）以人为本的精神

人民群众是历史的创造者，这是马克思主义唯物史观的核心要义。社会主义以前的社会，由于存在着阶级和阶级斗争，以人为本只是部分统治者的福利，而社会中大多数被统治者远远没有达到与统治者一样的权利和地位，这是阶级社会的局限性。共产主义理想和社会主义社会超越资本主义社会的，就在于最大限度地发挥以人为本的精神，并在实践中践行这一精神。区域精神塑造作为国家意识形态的具体化，必然要反映一个国家意识形态的基本精神。社会主义国家作为无产阶级专政的国家，要以马克思主义作为意识形态的根本指导。马克思主义强调，无产阶级的政党必须把为人民谋利益作为自己的生命根基和价值追求。马克思、恩格斯在《共产党宣言》中就庄严宣布："过去的一切运动都是少数人的或者为少数人谋利的运动。无产阶级的运动是绝大多数人的、为绝大多数人谋利益的独立的运动。"① 中国共产党是中国工人阶级的先锋队，同时是中国人民和中华民族的先锋队，全心全意为人民服务是党的根本宗旨。因此区域精神塑造过程中，坚持党的领导，是发扬以人为本精神的根本保证。以人为本不能仅仅作为口号，而是要成为工作成效的检验标准。在区域精神塑造过程中强调以人为本，就是在价值理念和精神导向的层面反映党的根本宗旨，也为树立衡量一切工作的基本标准确立价值导向，使其能够内化于人们，尤其是领导干部的自觉意识之中，从而引领各项工作真正为民谋利、为民着想。

（六）创新创造的精神

中国特色社会主义的时代特色要求我们，必须进行理论、实践、科技、管理等各方面的创新。从理论上看，中国特色社会主义的开创和发展是马克思主义与中国实际结合产生的第二次理论飞跃的成果，在未来的发展中这一理论仍需要随着实践的发展继续创新。从实践上看，资本主义国家搞市场经济已经三百多年了，我们才三十多年，社会主义市场经济依然需要不断完善才能发挥它的作用。从科技上，当今世界已经是信息化时代，我们面临着工业化和信息化的双重挑战，在引领人类发展科学技术方面，我们的差距还是十分明显的。综合起来看，中国特色社会主义是在创新中发展起来的，它面临的挑战和任务依然需要在各个方面开展创新。一个国家如此，一个区域也是如此，缺乏观念创新、制度创新、技术创新、管理创

---

① 马克思恩格斯选集（第1卷）[M].北京：人民出版社，2012：411.

新的精神，前进的路程就不可能一帆风顺。弘扬创新创造精神，展示求新革新思想，是历史对不同区域的共同鞭策，也是现实对不同区域的共同期待。

二、区域精神塑造必须坚持的基本原则

区域精神复合塑造模式必须坚持的基本原则，主要包括几个方面：一是塑造主体多元化的原则。党政机构、智力库、高校、科研院所、社会各界等都是区域精神塑造的主体，集思广益，共同为区域精神塑造提供智力支持。二是塑造目标多样化的原则。要把践行社会主义核心价值观与地方治理创新有机统一到区域精神塑造的过程中，辩证地看待社会主义核心价值观与区域精神之间的关系。三是塑造机制系统化的原则。区域精神在提炼出来以后，不能简单地停留在纸面上和口号上，要有相应的理论转化机制和成果，要把理论和实际统一起来。具体到实践操作中，区域精神复合塑造模式必须坚持的基本原则可以归纳为以下五个有机统一：

（一）历史性、时代性和未来性的有机统一

区域精神塑造中的提炼和升华不是简单的文字归纳和概括，而是凝聚正能量的过程，必须从历史、现实和未来三个一脉相传的角度挖掘其精神实质和内核，只有兼顾昨天、今天和明天的区域精神，才能经得起实践检验，植源于昨天的历史，才能有深厚的根基，扎根于今天的现实，才能焕发生机活力，紧跟明天的时代步伐，才能承前启后、继往开来。历史性：人类的精神故乡是历史，历史是人类生命的源头。一个区域的精神必须正确认知历史，有效承接历史，注重挖掘整理所在区域的传统文化和精神资源，在秉承历史文脉、传承区域文化的基础上构筑人们共同的精神文化家园。"历史学是历史学家在对人类以往的历史进行系统化整理的基础上，对历史的本

质、历史的意义所做出的一种理论解释和精神体验。山西精神把山西历史上那些看似单个的、孤立的人和事联系起来，发现其相互间的关系，发现其对后世特别是对当世的影响与作用。"① 以"信义、坚韧、创新、图强"为特质的"山西精神"，其生命力来自一代又一代山西人。神农尝百草辨药性，造福人类；大禹治水，三过家门而不入，以天下为大业；汉将军卫青抗击匈奴、出生入死；关羽义薄云天，成为世界华人的楷模；北魏改制，推行汉化，巩固了鲜卑政权；晋商驰骋欧亚数百年，以信义立身立业；晋商创立票号，成就汇通天下的梦想；抗日战争，无数三晋儿女血洒疆场。山西精神彰显文化的自觉自信和自为。历史学具有博大的时空胸襟，它是人类超越个体生命时空局限而得以认识感受世界无限丰富性和多样性的根本途径。时代性：区域精神是顺应时代潮流、跟紧时代步伐、体现时代特征、满足时代需的产物，塑造区域精神必须紧密联系实际，关注社会现实，根植于区域发展的现实土壤，结合经济社会发展水平和人们的思想实际状况，找准结合点和共识点，并将这些结合点和共识点体现在区域精神中。坚持"实事求是"的原则，客观反映当地特色和群众的精神风貌。未来性：引领未来价值追求的前瞻性，要求区域精神既要立足现实，又要高于现实，表达出区域的期许和规划，展现出人们的追求和向往。要使区域内民众有明确的目标感，有可以追求和努力的空间，并具有一种广阔的全球化的视野。同时，要通过宣传推广，让区域精神深入人心，在人民群众自觉行动中更好发挥区域精神引领未来的作用，为区域发展提供思想文化引领、精神动力支持和现实力量供给。对历史文化传统的提炼，对现实社会的关注，对未来社会发展的追求，是区域精神应当

---

① 阎俊仙. 历史学视野下的山西精神［N］. 山西日报，2013 – 9 – 24.

关注的三个维度，既要浓缩传统之根，又要展现当今之美，更要昭示前进之向，只有把历史性、时代性和未来性有机结合起来的区域精神才更加具有科学性。

（二）区域理想、社会要求和个人愿望的有机统一

塑造区域精神是社会主义核心价值体系的区域化构建，不仅关系一个区域的形象和发展，也关系一个国家的整体形象和发展。因此，必须坚持以社会主义核心价值体系为统领，把社会主义核心价值观体现到区域精神塑造的整个过程，实现区域理想、社会要求和个人愿望的有机统一。区域理想：区域精神的价值取向应当是为绝大多数的人谋利益，坚持正确的价值取向就是把"三个倡导"与区域发展紧密结合，努力实现全国的价值导向与区域的价值取向之间的协调统一，区域理想就是以此为基础，确立自己的价值追求和共同理想目标。社会要求：建设和谐社会是我们奋力前行的总体目标之一。区域精神必须把和谐社会建设的要求贯穿到培育和践行的全过程，把和谐社会建设对制度、对人民、对生态等方面的各项要求充分体现。个人愿望：每个人都是社会的成员，在履行社会义务的同时，也有实现个人社会价值的需要。区域精神要把个人的愿望与实现愿望的路径和动力昭示出来，给个人以更多的关怀、支持和激励。区域理想、社会要求和个人愿望的有机结合，既是区域精神形成的基本因素，也是区域精神发挥作用的必要条件。

（三）群众参与、专家研讨和组织决定的有机统一

区域精神塑造必须强力发动、充分酝酿、深入研讨、反复推敲、科学决策，其中群众参与、专家研讨和组织决定是培育提炼区域精神的必要环节，三者的有效结合是塑造区域精神应当坚持的重要原则。群众参与：人民群众是历史的创造者，群众的首创精神和首创经验是我们科学决策的重要参考。区域精神的产生必须在最广大意

义上动员群众的自觉参与意识，发挥群众的聪明才智，集中群众的意见建议，激励群众的主动性和积极性，让人民群众直接成为区域精神的塑造者和践行者。专家研讨：充分发挥专家学者智囊库的作用，社会科学界的专家学者是培育区域精神的重要力量。他们博学多才的思想和精通史学的理论，必将对区域精神表述语的理论性和科学性提出更好地意见。多种形式的研究会、讨论会、咨询会等是集中他们智慧的主要形式，在思想的碰撞中必然产生精神的火花。组织决定：群众参与和专家研讨形成的备选方案往往有多条，仁者见仁，智者见智，形成最后的一致意见有一定的难度，这就需要组织作出决定。当然组织做出决定也不是个人说了算，也要经过书面征求意见、民主讨论、集中表决等程序，这样产生出来的区域精神才能体现上下一致、思想统一，为以后的践行创造更加有利的先决和基础条件。

（四）稳定性、动态性和实践性的有机统一

区域精神塑造具有相对稳定性、发展动态性和实践指导性，只有把三者有机结合起来，才能保障区域精神长久发挥积极有效的作用。相对稳定性：区域精神一经产生，应当保持一定时期的稳定，不宜经常变动。任何决策部署从开始实施到最后落实都需要一个过程。无论产生时的过程是不是科学，一旦向社会公布，其发挥作用都需要经过长期的努力和实践，产生效果则需要更长的时间。保持区域精神的相对稳定性是由其发挥作用的时效性决定的。发展动态性：区域精神应当在相对稳定的基础上与时俱进，不断创新，需要在实践中不断丰富和完善。区域精神是在历史中形成的，必然带有一定的历史特征，历史的局限性必将会对人的思想和行为产生负面影响。如果不随着时代的发展变化进行合理化调整，必将产生一定的消极作用。实践指导性：批判的武器从来也不可能代替武器的批判，任何一种理论如果没有实践的检验都是空洞的。区域精神的塑造过程在本质上是形成、传播、认知、认同和转化的过程。区域精神只有得到社会的高度认同，才能转化为精神力量。无论是精神认同、文化认同，还是价值认同、民族认同，都离不开实践。只有在实践指导下的区域精神才能真正内化于心、外化于行、固化于制、凝化于果。"山西精神"是主体和客体的统一，既体现了山西社会发展的客观条件，又反映了山西人民基于那种客观的现实条件从而在发展上的主体表现。同时，山西精神继承了历史发展中的中华民族的优秀传统，尤其是山西区域文化传统中的精华部分，同时又积极回应了山西的时代发展实际和面临的新形势，使来源于山西厚重历史文化传统的优秀品质和价值观念，在新的时代获得了创造性的转化，获得了新的生机。与当代现实的紧密关联，使山西精神能够不断从当代社会发展的宏伟主题——改革开放和现代化建设实践中，吸收新的营养，不断地获得时代精神的滋养，做到了与时俱进。因而可以说，"山西精神"是动态的、开放的，是马克思主义的辩证发展观在区域精神塑造具体领域中的生动体现。

（五）广泛性、先进性和开放性的有机统一

区域精神塑造既要有广泛的群众基础、共同的社会理想，也要有维护区域长期利益和整体利益的先进性，只有把广泛性和先进性都置于开放性之下，才能产生更强烈的凝聚力和号召力。广泛性：在塑造区域精神的过程中，政府、专家、新闻媒体和人民群众都是参与主体，但群众的决定性作用表现在培育提炼出的区域精神表述语应该得到绝大多数人的认同，并能够被绝大多数人内化为自身的行为习惯和生活习惯，只有充分调动人民群众的积极性和创造性，充分发挥人民群众的聪明才智，才能让人民群众真正融入生活，自觉践行。广泛性一方面体现在区域精神培育提炼过程中人民群众的参与程度、表达程度，另一方面体现在区域精神弘扬践行过程中人民群众的认同程度、支持程度和实践程度，是人民群众在区域精神塑造过程中发挥多大作用的重要标志。先进性：体现在区域精神在促进经济发展、维护社会稳定、保障全局利益方面发挥作用的程度，倡导什么、维护什么、坚持什么，代表谁的利益是衡量区域精神先进性的重要指标。开放性：每个区域和区域内的每个地方都相互联系，都处在一个开放的环境中。开放的胸怀是弘扬践行区域精神的必然选择，只有紧密推进融合性和独立性的统一，区域精神才能更好地展现生命力。广泛性、先进性和开放性的统一是区域精神走向更高境界的必然路径。

第四节　从离散到整合：构建区域精神复合塑造模式的对策措施

从离散到整合，区域精神复合塑造的主要措施，主要包括三个大方面，一是整合文化资源。区域精神塑造要延续优秀文化传统，也要与时俱进地体现时代特征，发挥精神引领作用。二是要做到机制创新和效益共享。区域精神塑造要打破行政区域的壁垒，减少管理成本，克服困难，破解难题，构建区域间文化共享的机制。三是要保持差异并存。区域精神塑造要保持文化差异并存的特征。尽管市场化和全球化的影响至深，文化趋同化在各个地区越来越明显，但是差异性文化依然是一个地方的鲜明特色。同时要注重发挥好区域精神塑造的综合性和系统性功能。

一、整合文化资源

在区域精神塑造过程中，应该充分体现区域文化的本质，建构科学的文化整合机制，让多元文化融合为有机的统一体。文化资源包含的内容十分丰富，具体讲主要是以下四个方面：

（一）整合各类区域精神

区域精神塑造必须先把区域意识搞清楚。区域意识强调，要从包含不同企业、不同政区的大区域、城市群、经济圈角度看问题，它不同于目光狭隘、不懂协同效率的地方主义，也不是不计代价、不考虑地方正当利益。区域意识虽然是"意识"，但本质上不同于表示思想境界、道德觉悟、站位姿态一类的政治观念，而是一种经济意识、效率意识，一种对某项决策从经济资源的区域配置角度看"划不划算""值不值得"的思考问题的视角和方法。① 从区域意识的这个定义和内涵出发，我们反思区域精神塑造，就应该严格规范区域精神塑造的主体权限。目前，我国的管理体制，除国家层面外，还有省、市、县、乡、村五级管理体制，每个管理单元都有其固定的管辖范围，也可以称其为一个相对固定的区域，这在全国可是一个非常可观的数字。如果每个区域都塑造区域精神，那将是一项非常浩大的工程，从人力、物力、财力等方面都可能造成浪费。

整合各类区域精神，打破行政区域的限制，把县、乡、村的所谓区域精神整合到市一级。从可行性、必要性和合理性的角度综合分析，只需要在市级以上层面清晰完整地培育出自己的区域精神，不必每个县、乡、村都培育区域精神。市级的管辖范围相对较大，人口也达到一定的数量，具有相对的稳定性，培育区域精神既有必

---

① 武建奇，母爱英. 论区域意识与京津冀协同［J］. 经济论坛，2015（7）：4－6.

要，也有可能。所以，我国区域精神塑造范围应当界定到市级以上行政区域及更高层次的区域性联合体。我国还有多个区域性联合体，比如丝绸之路经济带、21世纪海上丝绸之路、环渤海经济圈、晋陕豫黄河金三角合作区、上党城市群等，有些横跨国与国、省与省，有的则是省内跨市区联合，但都形成了一定的区域范围，基于这样的区域往往具有很强的优势互补性，其合作发展的过程中也必须弘扬一定的发展理念，没有科学发展理念的引导和创新，就没有正确的发展方向，也不能实现合作发展的最大跨越。因此在类似的区域联合体中塑造区域精神确有必要。而实际上，市以上的大的区域，比如城市群、跨省的区域都没有提出区域精神，这依然需要在实践中去探索。

（二）整合传统与现代文化

文化整合最重要的一环，就是传统文化与现代文化的整合。在区域精神塑造的过程中，任何偏废一面的做法都是不科学的。在《德意志意识形态》中，马克思和恩格斯指出："在思辨终止的地方，在现实生活面前，正是描述人们实践活动和实际发展过程的真正的实证科学开始的地方。关于意识的空话将终止，它们一定会被真正的知识所代替。对现实的描述会使独立的哲学失去生存环境，能够取而代之的充其量不过是从对人类历史发展的考察中抽象出来的最一般的结果的概括。"① 要凸显区域特色就必须注重挖掘并彰显个性，就必须站得更高、看得更远，在全球视野中和全国领域内审视自己的区域特色，实现人有我特、人特我优、人优我新。任何区域精神都是全球精神文化的具体体现，是全国区域精神文化的组成部分。要使自己的区域精神具有独特性特征，就必须站在全局的高

---

① 马克思恩格斯选集（第1卷）[M]．北京：人民出版社，1995：73-74.

度进行比较、鉴别和审视，以更高的标准、更深的层次、更精的语言表述好自己的独特性区域精神。

因此，传统文化与现代文化的整合必须引起足够的重视。由于历史传统、地域环境、思想文化、发展水平等的差异，各地区域精神都应与众不同、不可替代。区域精神表述语的提炼，就是要对区域内的重大历史事件和重大思想理论进行系统的整理梳理，从复杂多样的社会现象中提炼出区域的基本特征。区域精神具有多样性特质，这就要求我们必需选择出那些特点最为突出、最具有代表性且能够涵盖历史、现实、未来的共同特质和特征，特别是要深度挖掘人类个体精神中激励人们积极向上、奋发有为的精神，然后用精炼准确的语言体现和表达出来，形成区域独特的思想和文化精髓，彰显出整个区域的崇高形象和特色风貌。另外，我们看到，中国特色社会主义"四个特色"里的民族特色和时代特色，前者是传统文化，后者是现代文化。也就是说，区域精神塑造要体现 5000 年文明史、96 年党史、66 年国史、39 年改革史。

（三）知识分子作用整合

区域精神的塑造离不开知识分子。在目前的体制下，知识分子分散于高校、科研院所以及社会的各行各业里面，由于各自的行政隶属关系和工作环境因素，知识分子队伍相对分散，缺乏统一的领导，形不成人才队伍的合力，区域精神塑造过程中很难把这些知识分子的集体智慧整合起来。因此，区域精神塑造过程中，真正参与精神塑造的往往是那些与党政机关有直接联系的各级党校、行政学院、社会科学院等机构的人才，而高校的人才资源则利用得不够多。要充分发挥好普通知识分子的作用。普通知识分子是一个庞大的群体，他们由于独立耕耘于学术研究的领域，没有多少行政资源，与党政部门主导的区域精神塑造活动没有任何关联，甚至是"不知有汉，无论魏晋"，发挥不了自己服务社会的能力。党的十八大以来，党和国家十分重视发挥智力库的作用。智力库是一个很好的知识分子作用整合的形式。地方党委和政府，要加强智力库的建设，沟通好政界和学界的关系，充分利用好地方的智力资源，为本区域文化发展创造更多的条件。

知识分子作用整合的另外一个形式就是建立和完善学习制度。我们党提出要建立马克思主义学习型政党，这为政界和学界沟通提供了重要的平台。前面已经提及，中央层面已经形成了固定的学习制度，专家学者登台给党和国家领导人授课，通过讨论、交流，互相激励对方和获得新的信息。地方层面上主要是中心组学习制度。中心组学习也要效仿中央的学习制度，请专家学者来与党员干部进行面对面的交流和沟通，共同为区域发展谋划大计。从掌握的材料来看，区域精神提炼过程中，很少有通过中心组学习制度请一些专家学者来解读区域精神塑造的基本问题，这不得不说是一个遗憾。最近，中共中央印发《干部教育培训工作条例》，特别指出党委（党组）中心组学习是干部教育培训的重要方式。所以，地方党政部门，要通过各种形式来加强知识分子作用整合，最大限度发挥他们的智力智囊作用。

（四）群众文化的整合

区域精神的塑造既需要从人民大众的自身觉悟和水平出发，也必须从弘扬践行的主体性原则和规律性认识去把握。区域精神首先是当地人民群众的核心价值观，其建构要从群众的实际出发，考虑到群众的接受水平和践行能力，只有成为人民群众内在信念的区域精神，才能有巨大的生命力。区域精神要能够说服大众，以理服人。无论是国家发展长远利益的大道理，还是实现个人利益的小道理，都要让民众把握其真理性，对其心悦诚服，入心入行。要能够感染大众，以情感人，让人民群众能够真正感受到区域精神是为人民的，是从群众出发的，体现着血肉相连的鱼水之情。

区域精神塑造要注重依托群众性文明创建活动，通过融入文化活动引导人们践行区域精神。组织开展丰富多彩的活动，宣传倡导区域精神，在群众喜闻乐见的活动中逐渐被广大干部和市民理解、接受、认可和遵从。组织道德模范事迹巡演、巡讲，利用小品、歌舞等艺术形式，宣传各类先进人物的感人事迹和高尚情操，引导人们学习先进、争当先进。要大力开展学雷锋志愿服务活动，引导广大干部群众在关爱他人、关爱社会、关爱自然的志愿服务活动中，奉献他人、提升自己；在党政机关开展做人民满意的公务员活动、在窗口单位开展"向人民汇报、请人民评议"活动、在农村开展星级文明户评选、在企业开展"诚信做产品"活动等，引导人们传承美德、践行文明。在扩大区域精神效应的过程中，还要注意发现弘扬和践行区域精神的模范人物和典型单位，及时对他们的经验予以总结推广，对他们的先进事迹予以广泛宣传和表彰，在营造良好氛围方面多下功夫。

二、整合区域精神塑造机制

区域精神塑造过程是建设区域共同精神家园的生动实践，是推动区域人民群众顺应发展新要求的深层次文化自觉，是对区域文化与发展现状挖掘、梳理、整合的过程，也是集中民智、汇聚民意、体现民主的过程。提高区域精神塑造过程的科学化水平，主要体现在科学的理论指导、科学的程序和科学的技术方法上，作为一项战略性公共决策必须尊重客观规律，完善体制机制，规范专家咨询论证、社会公示、集体决策、社会听证、群众参与等具体制度，以实现区域精神塑造过程的民主化、公开化、程序化、法制化和科学化。

具体来讲，区域精神复合塑造机制主要包括以下七个方面：

（一）党委政府倡导，是区域精神塑造的前提条件

党委政府要把区域精神的塑造提到重要议事日程，作为当地区域发展全局性战略性的大事。党政主要负责人要通过各种场合公开发动和倡导，响亮提出培育区域精神的重要性、必要性和现实性，并安排相关部门承担具体组织和承办工作。承办部门要进行专题研究部署，成立相应的领导组和办公室，制订实施方案，开展征集和讨论活动，进行专题调研，通过各类新闻媒体发出信息，掀起声势浩大的征集和培育活动。

（二）全体民众参与，是区域精神塑造的力量基础

人民群众的首创精神在区域精神的产生中具有非常积极的作用。区域精神产生的决定性和基础性力量是人民群众，党政领导动员和调研的重点应当是当地民众。争取更多更广泛的当地民众的支持和参与，就能凝聚起人民群众的共识，也能把基层群众中最有智慧的闪光点激发起来，为区域精神表述语的产生提供更多的经典语言和词汇。同时，要把群众的参与程度与未来区域精神的弘扬践行结合起来，现在的参与程度其实就代表了未来践行的深度和广度。

（三）专家咨询论证，是区域精神塑造的关键要素

群众参与为区域精神的产生提供了第一手的借鉴资料和口号，这些表述语是否能进入最后的决策程序，最关键的步骤是能否取得活动办公室的支持。而活动办公室对群众参与的认可程度，还要取决于专家的咨询论证。经过初步筛选的主题词，首先是要经过专家评审组的评审和论证，通过研讨会、论证会、咨询会等多轮多种方式的研究讨论，最后筛选出几组有广泛代表性的表述语，作为进入最终决策阶段的备选词条。在这个阶段，专家学者对区域精神表述语的集中表达、引深论证和总体评价，是群众性征集活动取得何种

成效的最高决定力量。

（四）广泛征求意见，是区域精神塑造的实践要求

专家咨询论证后所确定的区域精神初步表述语，一般要经过两三轮的大反馈，广泛征求各届人民群众的意见和建议。随着互联网的迅猛发展，网络因其开放性、草根性、平等性、即时性、互动性的特点迅速成为非制度化政治参与便捷而有效的强大载体，特别是以微博为代表的新兴网络应用的出现，正逐步显现出其强大优势。①一是在各类新闻传播媒体上征求群众意见，通过多种方式征求广大群众的意见和建议。二是依托网络平台，创新方式方法，通过官方网站、微博、微信等多种新媒体资源，在更大范围内集中社会各界人民群众的意见建议。三是以书面形式征求区域范围内具有一定代表性的中层以上领导干部的意见建议。最终将征求到的意见建议以加权、比重或累计的方式，确定或另行推出一定数量的表述语主题词。常规的方式是确定不少于五倍以上的表述语，进入公开公示程序。

（五）坚持公开公示，是区域精神塑造的科学本质

经过专家咨询论证和广泛征求意见后所得出的区域精神表述语，虽然具有一定的代表性，但并不能代表最终的结果。这些表述语必须进行一定范围的社会公示，必要的时候可以进行社会听证，最终以公示或者听证范围内的多数意见作为决策参考和依据，形成不低于区域精神三倍以上的表述语，提交党委政府决策层研究决定。需要明确的是，公开公示不是随心所欲，不是简单的推倒重来，必须在一定的制度约束下按照公开公平公正的原则进行。不容置疑的是，公示公开的过程必须要在一定程度和一定范围内吸取和尊重网络群

---

① 郭建民，冀天. 微博时代：我国网络政治参与的整合机制探析 [J]. 山西师大学报，2013（6）：69.

众的意愿，充分发挥好网络新兴媒体的作用。

（六）领导集体决策，是区域精神塑造的必然选择

最后提交党委和政府决策机关的区域精神表述语，是在前面各个阶段都有序进行的基础上完成的，基本上代表了区域精神的整体层面和个体层面，确定哪个表述语都没有对错之分。党委和政府的决策应当按照民主集中制的原则进行，把我党在确定重大事项、重大财务、重大人事事项方面的优良传统，运用到确定区域精神产生的最后关头，表决产生出区域精神的最终表述语。最后的结果必然是官方公布，通过当地的广播电视台、党报党刊和网络新兴媒体正式向全社会公布，以最大程度的市民共识和最大程度的领导共识把区域精神的表述语以最强的高度在全区域广泛推开，弘扬践行，发挥作用。

（七）完善制度保证，是区域精神塑造的必由之路

制度最一般的含义是要求大家共同遵守的办事规程或行动准则。良好的制度是形成同步设计、同步推动、同步发展一体化进程的重要保障。对那些行之有效的做法应当进行总结完善并使之制度化，并在制度的约束和推动下，使区域精神的产生更具民主化、公开化、程序化、法制化和科学化水平，既是我们在区域精神塑造过程中的典型经验，也是我们做好各项工作必须坚持的基本原则和努力方向。

三、区域精神复合塑造要保持差异并存

在全球化时代，文化趋同化在各个国家和地区越来越明显，但是差异性文化依然是一个地方的鲜明特色。区域精神复合塑造，并不是整齐划一的固定模式，而是在遵循一些基本原则的前提下，保持区域精神差异并存。同时，要注重最大程度地发挥好区域精神塑造的综合性和系统性功能。

（一）区域精神塑造要体现区域特点和文化

区域精神的表述内容必须要更多赋予区域独特性。一些放之四海皆准的表述，比如"开放""创新""和谐""包容"等，不一定能够体现出当地区域文化特色。区域精神的复合塑造，要更加注重对区域独特性特征的深入挖掘和研究，努力实现社会主义核心价值观与当地区域特色的完美有机结合，既贯彻了中央的要求，同时也体现了地方特色，这是提炼区域精神的前提条件和必然要求。由于历史传统、地域环境、思想文化、发展水平等的差异，各地区域精神都应与众不同、不可替代。这样才能够彰显区域特点与文化。西部地区特别是少数民族聚集区，要更加侧重民族融合、文化认同和社会发展等战略思想；中部地区要突出东西互通、开放包容、创新赶超等战略思想；东部地区则要注重改革创新、团结奉献、艰苦奋斗等战略思想。尽管不同的区域各自都有其独特性，但区域精神表述语的产生绝不能脱离所在区域的现实实际，更不能游离于社会主义核心价值体系和核心价值观之外，打造自己区域精神的个别"独立王国"，甚至出现与中央要求不一致的做法，这是我们在区域精神塑造过程中必须坚决制止和打击的现象。区域精神差异并存，不是关起来门来搞自己的一套，而是在与中央精神一致的前提下，体现自己的文化特色。此外，还有一些问题值得关注，比如一些贴吧、论坛、聊天工具的网络空间里对区域精神进行了讨论，"胡辣汤一碗"专指河南，"黄河、牛肉面和读者"专指兰州，"精卫填海、煎饼果子"专指天津，"煤黑子"专指山西，这种带有娱乐色彩的"区域精神"大多视角独特，折射出普通百姓的生活方式、区域的地理特色和风土人情，具有一定的群众代表性和调侃娱乐性，在群众中具有较高的认同度。这种不符合官方话语体系的表述语，能在普通群众中产生共鸣并广为传播，也是我们在区域精神塑造过程中必须借鉴和参考的经验教训之一。

164

　　一个特定区域精神的表述用语一定要抓住该区域的独特之处，使人们能够以此与其他区域有所区别，并成为该区域文化的标志性符号。大力挖掘历史文化和民族文化资源，把优秀的传统文化基因和人文精神传承归纳到区域精神中，既是文化本身自觉功能的体现，也是区域精神展示文化底蕴的需要，同时也是有效避免区域精神表述语同质化倾向的重要举措。区域精神的表述语要精练雅致、文采横溢，切忌一般化、没特点，避免只重形式、不顾内容。还要符合表述语的一般特点，便于记忆利于传诵，益于传播助于践行。对于之前已经培育出的区域精神仍要在一定区域内发挥作用，不能采取一刀切的办法对待区域精神。对那些已经培育起来的区域精神，首选的原则是发挥正能量，如果是正能量的精神，无论范围多大、存续历史时期多长、有多大的影响力和号召力，都应该继续存续，直到其发挥作用到极点为止。当然，如果是带有负能量的区域精神，我们应当顺势为之，将其坚决剔除出去，不再让其发挥作用，防止或杜绝其产生不良影响。

　　（二）区域精神塑造要有助于地方治理的创新发展

　　考察中国改革开放以来的发展历史，我们可以看到一条清晰的脉络：中央在思想路线方面，打破教条主义框框的束缚，坚持实事求是，用实践检验真理；地方敢为人先，率先改革实践，取得宝贵经验，中央再用政策文件给予承认。这条脉络，其实就是邓小平强调过的群众路线。他曾说，包产到户是中国农民的发明。早在1962年邓小平就说过："生产关系究竟以什么形式为最好，要采取这样一种态度，就是哪种形式在哪个地方能够比较容易、比较快的恢复和发展农业生产，就采取哪种形式；群众愿意采取哪种形式，就应该采取哪种形势，不合法的使它合法起来。"① 邓小平的话语里，包含

---

① 邓小平文选（第1卷）[M]. 北京：人民出版社，1994：23.

有中国改革的智慧和密码：基层创新，合法承认。所以，区域精神塑造首先要与社会主义意识形态创新联系起来，通过基层的实践探索，为中央提供素材。中国共产党成立以来干了三件最大的事情，即革命、建设、改革。革命时期是毛泽东探索出了农村包围城市武装夺取政权的革命道路，为马克思主义中国化提供了鲜活的中国经验。建设时期又是毛泽东提出要实现马克思主义基本原理与中国实际的第二次结合。改革开放时期中国众多基层的探索和实践，为马克思主义理论第二次飞跃提供了新的素材。从这个意义上看，区域精神塑造肩负着重大的历史使命。党的十八大以来，中央提出了实现中华民族伟大复兴中国梦的宏伟目标。中国梦是国家、民族、个人梦想的统一。区域精神塑造就是要我们去积极探索，把国家、集体和个人的利益有机统一起来。每个地方都有自己的做法，一定要大胆去尝试、大胆去实践、大胆去创新。

同时区域精神塑造要有助于地方治理创新。党的十八届三中全会提出："全面深化改革的总目标是完善和发展中国特色社会主义制度，推进国家治理体系和治理能力现代化。"① 将推进国家治理体系和治理能力现代化作为全面深化改革的总目标，对于中国的政治发展，乃至整个中国的社会主义现代化事业来说，具有重大而深远的理论意义和现实意义。"国家治理体系和治理能力现代化"到底怎么建构，中央的顶层设计需要基层去探索、去实践。从革命、建设到改革，从"发展是硬道理"到全面、协调、可持续的"科学发展观"，再到文化强国战略，乃至"五大发展"战略的提出，历次中央战略思想的调整，不仅会引起国家层面的思想震动和复杂反应，也牵动着地方政治的神经。区域精神塑造，要有助于地方集中本地

① 中国共产党第十八届中央委员会第三次全体会议公报［N］．人民日报，2013 - 11 -13.

区资源优势、克服条件劣势、矫正发展方式，从而取得发展实绩，甚至在区际乃至全国竞争中走在前列，由此可以逐渐获得广大人民群众的认可。不仅如此，区域精神塑造本身也有助于说明地方治理的合理性，通过宣传区域精神，使之内化到普通民众心中，获得广泛的社会心理认可，亦可让地方政府获得更大的民意支持。当前，改革步入了攻坚期、深水区，各种矛盾千头万绪，特别是官民矛盾、干群矛盾的化解，直接考验一个国家和地方治理的智慧和勇气。从这个意义上讲，区域精神塑造不仅仅是一次文化运动，也是党和国家战略部署中关键的一环，更是中国人民在培育践行社会主义核心价值观方面的思考和实践。

（三）区域精神塑造必须坚持发挥其综合性和系统性功能

区域精神塑造是在社会意识形态领域进行的区域性的顶层设计，是一项综合性的系统工程。这也就决定了践行区域精神，必须注重充分发挥其综合性和系统性功能，不能够人为性地分割，要坚持整体运作和全盘推进的原则，从系统思维出发，充分考虑其可能面临的各种情况，完善相关配套政策和措施，力求做到系统性、综合性、长效性和可操作性。要把区域精神践行过程与深化践行社会主义核心价值体系实现同步化作为基本的目标，以区域精神塑造推进培育弘扬社会主义核心价值观的过程。同时把握好弘扬和践行的关系，做到在弘扬中践行，以弘扬的力量促进和引导践行的方向，在践行中弘扬，以践行巩固和发展弘扬的成果，使区域精神的弘扬和践行有机结合起来，相互促进，相辅相成。① 从全方位、多角度、广视域的观点出发，坚持发挥区域精神塑造系统性和综合性功能的具体措施和现实路径，主要有以下七个方面。一是要把求真务实作为践行

---

① 陆俊，郭建民. 践行区域精神培育社会主义核心价值观［J］. 人民论坛，2014（8）：206 – 207.

实践区域精神的基本立场，反对搞形式主义或走过场；二是要致力于宣传弘扬，通过多种渠道和方式让区域精神在当地家喻户晓、尽人皆知；三是要在国民教育、精神文明建设和党的建设过程中践行区域精神，激发广大人民群众的巨大热情和创造活力；四是要发挥党员干部的表率作用，这是贯彻党的宗旨和保持党的先进性的要求；五是要把典型引路作为弘扬践行区域精神的有效办法，培育典型，弘扬典型，促进整体推进；六是要大力开展主题实践活动，把区域精神的核心内容分成若干主题逐一开展各类实践活动，不断掀起弘扬践行区域精神的新高潮；七是要总结经验，注重长效机制建设，把各方面探索和实践中形成的新制度、新做法持之以恒地巩固传播下去。①

---

① 陆俊，郭建民. 区域精神研究述评 [J]. 理论探索，2014（2）：48－49.

结　语

　　本书以山西省作为实证研究对象，对当前的区域精神塑造问题进行分析和研究，可以看到，区域精神塑造符合文化多样性与地域特殊性的融合规律，一方面在中央层面上，区域精神本质上是有利于社会主义核心价值观的培育和践行；另一方面在地方层面上，区域精神在区域发展中在经济、社会、文化等诸多领域发挥重要的作用，对于特定的区域而言，无论是对地方软实力提升还是治理方式的创新，都具有十分重要的意义。但是不容回避的问题是，在区域精神塑造的实践中，客观上存在运动式推进的问题，导致区域精神塑造在内容提炼、践行效果等方面都存在比较突出的问题，同质化、简单化、趋同化等情况比较明显。对山西区域精神塑造的历史发展和当代实践进行分析，并借鉴国内外在区域精神塑造过程中的经验，面对当代区域精神塑造的发展趋势，可以得出，必须实现从离散到整合，采取复合塑造模式推进区域精神塑造的健康发展。

　　区域精神塑造对于地方党政部门而言是一个全新的课题，也是彰显地方治理能力和水平的重要方面，山西区域精神塑造的实践充分表明了这一点。提升区域精神塑造的科学性、民主性，是区域精神塑造的基本要求。为了实现这一目标，必须清醒认知和准确把握当代区域精神塑造的客观规律。本书通过山西区域精神塑造实践发展的分析、研究和论证，基于从离散到整合的总体逻辑思路，形成以下几方面重要的结论性观点：

第一，当代区域精神塑造的基本发展趋势是日益走向复杂，真正成为一项系统性的综合工程。

以山西区域精神塑造作为实证分析对象，可以看到，随着改革开放进入新的历史时期以来，区域精神塑造进入了一个新的阶段，在这个过程中，几个发展趋向越来越明显，在一定程度上反映出当代区域精神塑造的客观规律。

一是区域精神塑造内涵方面，从单一偏重走向多元包容。通过比较分析能够发现，当前山西的区域精神塑造，在区域精神内涵上更加强调多元性和包容性，集中体现在所涉及的范畴、时间维度等方面。首先，以社会主义核心价值观为基准，在经济、社会、文化、政治诸多领域做了提炼，拓展了历史上区域精神相对单一的内涵，获得一定的普遍性意义。其次，区域精神表述的时间维度有了更大的延伸，既是历史的传承，也有时代的内涵；既是传统的积淀，也有目标的表达。形成了历史与现实、传统与现代在精神表述上的融合。二是区域精神塑造主体方面，从党政主导走向社会参与。区域精神塑造最核心的三个环节是实践孕育、概括提炼和弘扬践行。就本质而言，依然贯穿着马克思历史唯物主义"实践—理论—实践"的基本逻辑，这也就决定了人民群众在区域精神塑造中的主体性地位。从新中国成立以来的实践发展来看，山西区精神塑造，党政部门一直是主导性的，社会一般处于被动性的接受地位。党的十六届六中全会提出"社会主义核心价值体系"命题以来，山西就一直注重凝练本区域的精神，推进社会主义核心价值体系的区域化建构。在此过程中，山西尊重群众的主体地位，发挥人民群众的聪明才智。

党政部门更多发挥组织引导的作用。"信义、坚韧、创新、图强"成为山西精神的高度概括和凝练表达。尊重人民群众主体地位，发挥好党政部门的引导作用，是当代区域精神塑造的规律性趋势。三是区域精神塑造功能作用方面，从意识形态灌输走向构建社会共识。基于山西区域精神塑造的历史发展分析，自从中国共产党成为革命和建设的领导力量以来，区域精神塑造中党的意识形态成为核心内容。区域精神塑造更多是党的方针、政策在特定区域中的情景化展现。随着社会的多元化发展，社会共识问题建构更加突出，意识形态的宣传灌输，客观来讲并不能全部承担起这一功能。另一方面也应该看到，单纯的意识形态灌输，不可避免地会出现生硬僵化的问题，给人以宣讲说教的感觉，可能导致心理认同度的降低，影响社会共识形成。塑造当代的山西精神，必须避免简单的意识形态的灌输。应该讲这已经成为山西在区域精神塑造中的基本共识之一。先进思想灌输与区域精神塑造如何寻找最佳的结合点，是区域精神塑造实践中要回答的问题。以先进思想指导区域精神塑造，通过区域精神塑造彰显先进思想，必须作为区域精神塑造过程中的自觉态度，探寻结合的方法是区域精神塑造面临的重要课题。四是区域精神塑造态度行为方面，从离散自发走向主动自觉。在山西区域精神塑造的实践中，党的领导使区域精神塑造发生了根本性的转换，从自发开始走向自觉，改革开放以来在新的因素作用下更加明显地出现了从离散自发到主动自觉的趋势。在党的领导下，区域精神才真正获得了"塑造"的意义，主动自觉成为明显的态度行为模式。不过由于发展阶段的制约，加上对于区域精神本身认知和定位的模糊，这种主动的自觉行为表现出离散性的特征，缺乏应有的区域整体性思考和层次性安排，更多还是停留在典型、榜样等表述阶段，并没有上升到一种普遍意义的提炼和概括。改革开放以来，首先是市场经济发展，区域竞争本身要求区域能够确立清晰的定位和良好的区域形象，向内寻求区域文化和区域精神的支持成为一种必然选择。此外，在完善市场法规制度的同时，也需要形成更广泛意义上的市场伦理、市场价值导向，形成一个精神价值层面上的导引，这是市场经济发展在精神文化层面上提出的必然要求。这成为触动区域精神塑造进一步走向自觉主动的一个重要因素。同时推进社会主义核心价值体系建构的历史性命题，成为另一个重要的推动因素，使得区域精神塑造的自觉主动性得以极大地彰显。五是区域精神塑造方式方面，从传统继承走向创造转化。精神发展的延续与传承决定了在区域精神塑造过程中不可能进行人为的取舍和割裂。改革开放初期，山西在区域精神塑造中，对于传统资源更多的是承继，采取的方法是推出新的典型，在这些典型形象中读取传统精神。精神表述基本上沿用了传统精神的表述范式，实质内容也是对传统资源的直接运用。但是区域精神的时代性特征要求必须要具备鲜明的时代特色，必须去努力挖掘传统精神资源的时代内涵，对于传统精神资源，山西在区域精神塑造过程中，开始注重其时代价值的开掘，赋予其新的内涵。这种推进传统精神资源的创造性转换应用的方式，使传统获得了新生，成为永远的精神宝库。

从山西区域精神塑造实践所表明的以上五个方面的发展趋势可以看出，当代区域精神塑造越来越走向复杂，成为一项系统性的综合工程。这是提升区域精神科学性、民主性必须要关注的重要问题。这也就意味着当代区域精神塑造模式必须进行根本性的变革。

第二，复合塑造模式是当代区域精神塑造的理性选择。

当代区域精神塑造越来越走向复杂，成为一项系统性的综合工程。这一趋势意味着区域精神塑造必须实现复合化，这也内在地体现了马克思主义的实践理论。区域精神的复合塑造模式，集中体现在内容、过程、影响因素、价值功能以及塑造主体的复合。

　　一是区域精神塑造内容取向的复合。区域精神在外在形态上表现为具体的语言表达，这种语言表达所反映的一定是人的生活实践以及对生活实践的期望。区域精神作为社会实践的表达，同时社会实践的主体是千千万万个社会成员，就必须能够涵盖这些千差万别的社会主体，能够表达出他们认同的精神价值。由于精神的创造主体数量的巨大和实践方式的多样性，在实践中所形成的精神类型和精神内容就具有非常丰富的内容。社会群体由于实践领域和方式的不同，对于这些精神类型和精神内容的认同程度就会形成比较大的差异。所以区域精神塑造过程就意味着对于在这种巨大差异性之中寻求共性，找到区域成员所共同认可的最大公约数。在差异性中寻求共同性，是区域精神塑造的重点也是难点。区域精神在内容取向上的复合，表现为复合的时间维度、复合的内容领域、复合的精神层次三个方面。二是区域精神塑造过程的复合。区域精神塑造必须遵循实践—理论—实践的逻辑，所以区域精神塑造不是一蹴而就，或者是一个阶段性的"点"性行为。实践—理论—实践的逻辑，决定了区域精神塑造是一个前后关联的"线"性行为，是诸多环节的复合。这些环节按照实践—理论—实践的逻辑，前后继起，相互关联，完成区域精神的塑造过程。三是区域精神塑造影响因素的复合。区域精神塑造都是在特定区域内、一定社会环境中进行。区域精神塑造尽管是一种主动性行为，但绝非能够脱离具体的实际，也是在诸多因素影响下形成的，也是一种合力行为。影响区域精神塑造的诸多因素中，最关键的因素包括区域地貌、历史传统、发展目标和意识形态等四个方面。区域精神塑造影响因素的复合，首先为我们解读区域精神提供了最基本的视角。其次我们在区域精神塑造过程中，找到了立足自身、避免雷同的基础。最后区域精神只有考虑到不同的影响因素，塑造过程中才能避免一元独大，才能避免出现不应该的缺失。四是区域精神塑造根本价值功能的复合。区域精神塑造本质上是社会意识领域中的积极行为，区域精神塑造除了对于地方区域发展的重要意义之外，作为社会意识领域中的活动，从根本上要与国家意识形态发生最为密切的关联。在意识形态层面上，区域精神塑造实质上意味着国家意识形态的区域化实现。这种区域化实现对于国家与地方双方而言，具有极为重要的价值意义。在区域精神与国家意识形态的双向互动中，区域精神塑造体现出价值功能的复合。首先，要保持意识形态话语体系的高度一致。其次，要积极推进地方的发展伦理的调整与重构。最后，要发挥地方意识形态阐释功能。区域精神塑造根本价值功能的复合，在具体的实践过程中，主要是要明确区域精神塑造与国家主流意识形态建构完善的双向作用关系，在国家意识形态的根本指导下，发挥地方在区域精神塑造中的灵活性与自主性，形成符合社会主义核心价值体系要求的、具有鲜明特色的区域精神。五是区域精神塑造主体的复合。区域精神塑造所遵循的从实践到理论，再从理论到实践的逻辑规律，决定了区域精神塑造主体是多元的，包含多个社会主体。这些主体在区域精神塑造的不同阶段发挥自身的作用，形成复合性关联关系，共同推进区域精神塑造。区域精神塑造的复合主体主要包括：人民群众、党政领导部门、宣传教育部门和专家咨询机构。其中人民群众是塑造主体，党政领导部门是塑造的主导，宣传部门是塑造的承担者，专家咨询机构是重要的参与力量。区域精神塑造主体的复合，要求我们当前区域精神塑造首先要能够真正总结人民群众的伟大实践，概括提炼区域精神，这就要坚持群众路线，深入到群众中去；同时必须畅通人民群众的参与渠道，使人民群众能够充分表达自己的声音；另外要形成制度机制，保证专家咨询机构的常态化参与。

区域精神塑造的复合模式，既符合马克思主义的实践观点，又把握住了当代区域精神塑造的客观趋势。在推进区域精神塑造科学化、民主化过程中，不断提升区域精神塑造水平，区域精神的复合塑造模式是理性的选择。

第三，区域精神塑造必须坚持五个有机统一的基本原则。

在区域精神塑造过程中采取复合塑造模式，必须坚持塑造主体多元化、目标多样化和机制系统化等重要基本原则，这些基本原则可以归纳为五个有机统一。

一是历史性、时代性和未来性的有机统一。区域精神塑造中的提炼和升华不是简单的文字归纳和概括，而是凝聚正能量的过程，必须从历史、现实和未来三个一脉相传的角度挖掘其精神实质和内核，只有兼顾昨天、今天和明天的区域精神，才能经得起实践检验，植源于昨天的历史，才能有深厚的根基，扎根于今天的现实，才能焕发生机活力，紧跟明天的时代步伐，才能承前启后、继往开来。对历史文化传统的提炼、对现实社会的关注、对未来社会发展的追求，是区域精神应当关注的三个维度，既要浓缩传统之根，又要展现当今之美，更要昭示前进之向，只有把历史性、时代性和未来性有机结合起来的区域精神才更加具有科学性。二是区域理想、社会要求和个人愿望的有机统一。塑造区域精神是社会主义核心价值体系的区域化构建，不仅关系一个区域的形象和发展，也关系一个国家的整体形象和发展。因此，必须坚持以社会主义核心价值体系为统领，把社会主义核心价值观体现到区域精神塑造的整个过程，实现区域理想、社会要求和个人愿望的有机统一。区域理想、社会要求和个人愿望的有机结合，既是区域精神形成的基本因素，也是区域精神发挥作用的必要条件。三是群众参与、专家研讨和组织决定的有机统一。区域精神塑造必须强力发动、充分酝酿、深入研讨、反复推敲、科学决策，其中群众参与、专家研讨和组织决定是培育提炼区域精神的必要环节，三者的有效结合是塑造区域精神应当坚持的重要原则。四是稳定性、动态性和实践性的有机统一。区域精神塑造具有相对稳定性、发展动态性和实践指导性，只有把三者有机结合起来，才能保障区域精神长久发挥积极有效的作用。五是广泛性、先进性和开放性的有机统一。区域精神塑造既要有广泛的群众基础、共同的社会理想，也要有维护区域长期利益和整体利益的先进性，只有把广泛性和先进性都置于开放性之下，才能产生更强烈的凝聚力和号召力。广泛性、先进性和开放性的统一是区域精神走向更高境界的必然路径。

坚持五个有机统一的基本原则，在区域精神塑造过程中把握复合塑造模式，将从根本上提升区域精神塑造的科学性和民主性，推进区域精神塑造的实践发展。

第四，区域精神的复合塑造要注重文化资源的整合、体制机制的创新和差异并存化的选择。

区域精神复合塑造的针对性和有效性措施，主要包括以下三个大的方面：

一是要整合各类文化资源。区域精神塑造要延续优秀文化传统，也要与时俱进地体现时代特征，发挥精神引领作用。在区域精神塑造过程中，应该充分体现区域文化的实质，建构科学的文化整合机制，让多元文化融合为有机的统一体。文化资源包含的内容十分丰富，主要包括以下四个层面：一要整合各类区域精神，打破行政区域的限制，把县、乡、村的所谓区域精神整合到市一级。从可行性、必要性和合理性的角度综合分析，只需要在市级以上层面清晰完整地培育出自己的区域精神，不必每个县、乡、村都培育精神。与此同时，在类似"一带一路"、环渤海经济圈等区域联合体中塑造区域精神也确有必要。二要整合传统与现代文化，文化整合最重要的一环，就是传统文化与现代文化的整合。在区域精神塑造的过程中，任何偏废一面的做法都是不科学的。要使自己的区域精神具有独特性特征，就必须站在全局的高度进行比较、鉴别和审视，以更高的标准、更深的层次、更精的语言表述好自己的独特性区域精神。三要加强知识分子作用整合，智力库是一个很好的整合形式。地方党委和政府要加强智力库的建设，沟通好政界和学界的关系，充分利用好地方的智力智囊资源，为本区域文化发展创造更多更好的条件。知识分子作用整合的另外一个形式就是建立和完善学习制度。要通过各种形式来加强知识分子作用整合，最大限度发挥他们的智力支持作用。四要注重群众文化的整合，区域精神要能够说服大众，以理服人。无论是国家发展长远利益的大道理，还是实现个人利益的小道理，都要让民众把握其真理性，使其心悦诚服，入心入行。区域精神塑造要注重依托群众性文明创建活动，通过融入文化活动引导人们践行区域精神。

二是要做到机制创新和效益共享。区域精神塑造要打破行政区域的壁垒，减少管理成本，克服困难，破解难题，构建区域间文化共享的机制。区域精神塑造过程是建设区域共同精神家园的生动实践，是推动区域人民群众顺应发展新要求的深层次文化自觉，是对区域文化与发展现状挖掘、梳理、整合的过程，也是集中民智、汇聚民意、体现民主的过程。提高区域精神塑造过程的科学化水平，主要体现在科学的理论指导、科学的程序和科学的技术方法上，作为一项战略性公共决策必须尊重客观规律，完善体制机制，规范专家咨询论证、社会公示、集体决策、社会听证、群众参与等具体制度，以实现区域精神塑造过程的民主化、程序化、公开化、法制化和科学化。党委政府倡导、专家咨询论证、全体民众参与、坚持公示公开、广泛征求意见、领导集体决策、完善制度保证等是体制机制创新的主要环节。

三是要保持差异并存。区域精神塑造必须保持文化差异并存的特征。在全球化时代，尽管市场化和全球化的影响至深，文化趋同化在各个地区越来越明显，但是差异性文化依然是一个地方的鲜明特色。区域精神复合塑造，并不是整齐划一的固定模式，而是在遵循一些基本原则的前提下，保持区域精神差异并存。一个特定区域精神的表述用语一定要抓住该区域的独特之处，使人们能够以此与其他区域有所区别，并成为该区域文化的标志性符号。大力挖掘历史文化和民族文化资源，把优秀的传统文化基因和人文精神传承归纳到区域精神中，既是文化本身自觉功能的体现，也是区域精神展示文化底蕴的需要，同时也是有效避免区域精神表述语同质化倾向的举措。区域精神塑造，要有助于地方集中本地区资源优势、克服条件劣势、矫正发展方式，从而取得发展实绩，甚至在区际乃至全国竞争中走在前列，由此可以逐渐获得广大人民群众的认可。不仅如此，区域精神塑造本身也有助于说明地方治理的合理性，通过宣传区域精神，使之内化到普通民众心中，获得广泛的社会心理认可，亦可让地方政府获得更大的民意支持。同时，要最大限度地发挥好区域精神塑造的综合性和系统性功能。区域精神塑造是在社会意识形态领域进行的区域性的顶层设计，是一个综合性的系统工程。这也就决定了践行区域精神，必须注重充分发挥其综合性和系统性功能，不能够人为性地分割，要坚持整体运作和全盘推进的原则，从系统思维出发，充分考虑其可能面临的各种情况，完善相关配套政策和措施，力求做到系统性、综合性、长效性和可操作性。要在弘扬中践行，在践行中弘扬，把区域精神践行过程与深化践行社会主义核心价值体系实现同步化作为基本的目标,以区域精神塑造推进培育弘扬社会主义核心价值观的过程。

通过山西区域精神塑造的实证分析,可以看到区域精神塑造的重要功能、价值和作用。推进区域精神塑造的深入和完善,必须把握区域精神发展的客观趋势,运用复合塑造模式,坚持正确的价值理念和科学的原则,并采取切实有力、有效的措施。只有这样,才能塑造出既体现社会主义核心价值体系和核心价值观要求,又能具有鲜明地域特色的区域精神,最大限度地发挥区域精神的价值导向和精神引领作用,推进区域经济社会的健康和谐发展,创造区域精神文明建设的新成果,实现社会主义核心价值体系和价值观在具体区域内的生动鲜活展现。

参考文献

一、著作类

[1] 马克思恩格斯全集（第 1、3、19、40、46 卷）[M]. 北京：人民出版社，1995、2002、1963、1982、1980.

[2] 马克思恩格斯选集（第 1－4 卷）[M]. 北京：人民出版社，1995.

[3] 列宁全集（第 36 卷）[M]. 北京：人民出版社，1985.

[4] 列宁选集（第 3、4 卷）[M]. 北京：人民出版社，1995.

[5] 毛泽东选集（第 1－4 卷）[M]. 北京：人民出版社，1991.

[6] 邓小平文选（第 1－3 卷）[M]. 北京：人民出版社，1993、1994.

[7] ［古希腊］柏拉图. 理想国 [M]. 郭斌，张竹明译. 北京：商务印书馆，1985.

[8] ［古希腊］亚里斯多德. 政治学 [M]. 颜一，秦典华译. 北京：中国人民大学出版社，2003.

[9] ［法］孔多赛. 人类精神进步史表纲要 [M]. 何兆武，何冰译. 北京：三联书店，1998.

[10] ［德］黑格尔. 精神现象学 [M]. 贺麟，王玖新译. 北京：商务印书馆，1979.

[11] ［德］马克斯·舍勒. 价值的颠覆 [M]. 罗梯伦，林克，曹卫东译. 北京：三联书店，1997.

[12] ［美］弗朗西斯·福山. 信任——社会道德和繁荣的创造 [M]. 李宛蓉

译. 远方出版社，1998.

[13] [美] 彼得·里尔巴克. 自由钟与美国精神 [M]. 黄剑波，高民贵译. 北京：商务印书馆，2005.

[14] [美] 约瑟夫·奈. 软实力：权力，从硬实力到软实力 [M]. 马娟娟译. 北京：中信出版社，2013.

[15] [英] 英克尔斯. 人的现代化 [M]. 殷陆君译. 成都：四川人民出版社，1985.

[16] [德] 卡尔·雅斯贝斯. 时代的精神状况 [M]. 王德峰译. 上海：上海世纪出版集团，2005.

[17] [美] 莫里斯·迈斯纳. 毛泽东与马克思主义、乌托邦主义 [M]. 张宁，陈铭康译. 北京：中国人民大学出版社，2005.

[18] [美] 塞缪尔·享廷顿. 文明的冲突与世界秩序的重建 [M]. 周其，张立平译. 北京：新华出版社，2010.

[19] [加] 贝淡宁，[以] 艾维纳. 城市的精神 [M]. 吴万伟译. 重庆：重庆出版社，2012.

[20] [法] 亚历山德拉·莱涅尔·拉瓦斯汀. 欧洲精神 [M]. 范炜炜，戴巧，翁珊珊译. 长春：吉林出版集团公司有限责任公司，2009.

[21] [美] 弗雷德·艾伦·沃尔夫. 精神的宇宙 [M]. 吕捷译. 北京：商务印书馆，2005.

[22] [美] 彼得·里尔巴克. 自由钟与美国精神 [M]. 黄剑波，高民贵译. 北京：商务印书馆，2005.

[23] [美] 汉密尔顿. 希腊精神 [M]. 葛海滨译. 北京：华夏印书馆，2012.

[24] [法] 埃德加·莫兰. 时代精神 [M]. 陈一壮译. 北京：北京大学出版社，2011.

[25] [英] 罗纳德·哈里·科斯. 变革中国 [M]. 王宁译. 北京：中信出版社，2014.

[26] 田海舰，邹卫. 社会主义核心价值论纲 [M]. 北京：人民出版社，2010.

[27] 童世骏，何锡蓉. 当代中国的精神力量 [M]. 上海：上海世纪出版集

团, 2012.

　　[28] 安介生. 山西移民史 [M]. 太原: 山西人民出版社, 1999.

　　[29] 齐忠玉. 精益化精神 [M]. 北京: 中国电力出版社, 2010.

　　[30] 刘士林. 江南文化精神 [M]. 上海: 上海大学出版社, 2008.

　　[31] 袁行霈, 陈进玉. 中国地域文化通览 (山西卷) [M]. 北京: 中华书局, 2013.

　　[32] 袁贵仁, 韩庆祥. 论人的全面发展 [M]. 南宁: 广西人民出版社, 2003.

　　[33] 冯天瑜. 中华元典精神 [M]. 上海: 上海人民出版社, 1994.

　　[34] 龚超, 柏萍, 周仲高. 广东精神读本 [M]. 广州: 广东人民出版社, 2012.

　　[35] 韦文英. 区域价值 [M]. 北京: 知识产权出版社, 2012.

　　[36] 北京市委宣传部. 北京精神百家谈 [M]. 北京: 北京出版社, 2011.

　　[37] 李建平, 谭烈飞, 马建农, 郁志群. 北京精神与文化 [M]. 北京: 经济科学出版社, 2012.

　　[38] 中国延安精神研究会. 论延安精神 [M]. 北京: 高等教育出版社, 2010.

　　[39] 胡苏平. 弘扬太行精神加快转型跨越 [M]. 太原: 山西人民出版社, 2011.

　　[40] 邢云文. 时代精神: 历史解读与当代阐释 [M]. 北京: 中央编译出版社, 2011.

　　[41] 陈章龙. 论主导价值观 [M]. 南京: 江苏人民出版社, 2006.

　　[42] 王成兵. 当代认同危机的人学解读 [M]. 北京: 中国社会科学出版社, 2004.

　　[43] 骆郁廷. 精神动力论 [M]. 武汉: 武汉大学出版社, 2003.

　　[44] 宋志明, 吴潜涛. 中华民族精神论纲 [M]. 北京: 中国人民大学出版社, 2006.

　　[45] 孔庆榕, 鲁开根. 中华民族精神与当代中华民族凝聚力研究 [M]. 北京: 中国社会科学出版社, 2006.

［46］谢治菊. 重拾精神的家园 ［M］. 成都：西南交通大学出版社，2012.

［47］李淑珍. 当今时代与时代主题 ［M］. 北京：北京大学出版社，2005.

［48］郝登峰. 现代精神动力论 ［M］. 广州：广东人民出版社，2005.

［49］张友谊，商志晓. 中华民族精神导论 ［M］. 济南：山西人民出版社，2006.

［50］杨开忠. 中国区域发展研究 ［M］. 北京：海洋出版社，1989.

［51］田海舰. 社会主义核心价值观研究 ［M］. 石家庄：河北大学出版社，2008.

［52］本书编写组. 十八大报告辅导读本 ［M］. 北京：人民出版社，2012.

［53］王东，王放. 北京魅力：北京文化与北京精神新论 ［M］. 北京：北京大学出版社，2008.

［54］陈国庆，陈勇. 中国现代社会转型研究 ［M］. 西安：陕西人民出版社，2009.

［55］张慧君，方皋，侯治水. 马克思主义视域中的精神生活与全面建设小康社会 ［M］. 长春：长春出版社，2011.

［56］陈奇佳. 马克思精神生产理论的当代阐释 ［M］. 北京：人民出版社，2011.

［57］杨供法. 文化精神价值：以台州文化为例 ［M］. 北京：中央编译出版社，2012.

［58］傅志平. 精神的升华 ［M］. 北京：人民出版社，2012.

［59］张维为. 中国震撼：一个"文明型国家"的崛起 ［M］. 上海：上海人民出版社，2011.

［60］黄相怀. 英国精神 ［M］. 北京：当代世界出版社，2008.

［61］尹钛. 美国精神 ［M］. 北京：当代世界出版社，2008.

［62］舒绍福. 德国精神 ［M］. 北京：当代世界出版社，2008.

［63］张昊琦. 俄罗斯精神 ［M］. 北京：当代世界出版社，2008.

［64］吴毅，刘治立，朱世广. 中华人文精神论纲 ［M］. 北京：人民出版社，2011.

［65］王山河，熊正贤. 面向可持续发展的区域营销战略研究——以广州增城

市为例 [M]．成都：西南交通大学出版社，2009.

[66] 张五常．中国的经济制度 [M]．北京：中信出版社，2009.

[67] 中共中央宣传部．习近平总书记系列要讲话读本 [M]．北京：学习出版社，2014.

[68] 钟茂森．找寻中国精神 [M]．北京：中国华侨出版社，2010.

[69] 人民日报理论部．精神的力量：中国共产党伟大精神最新阐释 [M]．北京：人民日报出版社，2011.

[70] 尚勇．中国信念：直面八个关注热点 [M]．北京：中共中央党校出版社，2012.

[71] 孝义县地方志编纂委员会．孝义县志 [M]．北京：海潮出版社，1992.

[72] James Hudson Taylor. China's Spiritual Need and Claims [M]. Cambridge University Press, 2010.

[73] Dan Pearson, Damon, Murray Stephen Sorrell, Huw Morgan. Spirit：Garden Inspiration [M]. Cambridge University Press, 2011.

二、论文类

[74] 朱志明，刘磊，蔡毅强．中国精神：实现中国梦的核心价值 [J]．红旗文稿，2013（22）.

[75] 李雨霜．浅谈地域文化在环境艺术中的传承 [J]．江西教育学院学报，2010（6）.

[76] 孙文营．如何科学凝练地域精神 [J]．理论探索，2013（2）.

[77] 程萍．城市精神提炼：个性如何彰显 [J]．人民论坛，2012（13）.

[78] 刘保民．精神价值与人本追求 [J]．陕西理工学院学报（社会科学版），2011（8）.

[79] 朱训义．如何提炼城市精神 [J]．时事报告，2012（2）.

[80] 夏重伟．关于区域精神的重要意义和提炼黑河精神的思考 [J]．黑河学刊，1997（1）.

[81] 孙鹤．文化视域中的城市精神问题研究 [J]．辽东学院学报（社会科学版），2011（2）.

[82] 程树明, 张晓红. 城市精神的作用和提炼 [J]. 江苏技术师范学院学报, 2013 (6).

[83] 胡德池, 周亚明. 弘扬"湖南精神"筑牢强省之魂 [J]. 新湘评论, 2013 (2).

[84] 黄杰. 弘扬地方精神建设社会主义核心价值体系 [J]. 商业现代化, 2010 (9).

[85] 丁根林. 略论当代浙江人共同价值观弘扬践行的实效路径——基于儒家伦理普及教化历史经验的视角 [J]. 观察与思考, 2013 (1).

[86] 郭书宁. 大寨精神的现实意义 [J]. 先锋队, 2012 (16).

[87] 娄海波. 以社会主义核心价值观引领石家庄城市精神建设 [J]. 中共石家庄市委党校党报, 2013 (3).

[88] 王海滨. 论社会主义核心价值体系视域中的城市精神培育 [J]. 厦门特区党校党报, 2011 (5).

[89] 元文礼. 扩大城市精神效应的 10 条建议 [J]. 重庆社会科学, 2012 (10).

[90] 武建奇, 母爱英. 论区域意识与京津冀协同 [J]. 经济论坛, 2015 (7).

[91] 中共山西省委党校理论研究中心. 大寨精神的实质内涵、丰富发展和现实意义 [J]. 前进, 2011 (12).

[92] 王家进. 浅析二十世纪六十年代山西省委对大寨精神的总结 [J]. 中共党史研究, 2010 (11).

[93] 杨恒均. 城市精神与核心价值观 [J]. 金融博览, 2012 (8).

[94] 吴艳玲. 论城市精神的培育 [J]. 经济研究导刊, 2011 (19).

[95] 肖红缨. 试论城市精神 [J]. 江汉论坛, 2004 (8).

[96] 何军民. 城市精神的培育及其社会价值 [J]. 甘肃联合大学学报, 2010 (3).

[97] 陈钦柳. 城市精神及其塑造与弘扬 [J]. 理论学习, 2010 (10).

[98] 任吉东. 理性思考 综合定位: "城市精神"辨析 [J]. 城市, 2012 (2).

[99] 黄亚玲. 西南地区城市精神和社会主义核心价值体系研究 [J]. 马克思

主义与当代, 2012 (4).

[100] 张颐武. 怎么提炼城市精神 [J]. 人民论坛, 2012 (3).

[101] 叶南客. 城市精神的价值取向与塑造战略 [J]. 群众, 2012 (4).

[102] 魏永锋. 提升城市精神内涵的 8 条建议 [J]. 重庆社会科学, 2012 (10).

[103] 韩丹. 增强城市精神功用的 10 条建议 [J]. 重庆社会科学, 2012 (10).

[104] 赵根成, 王久英. 周总理对大寨精神的概括 [J]. 山西文史资料, 1995 (5).

[105] 吴潜涛, 张新桥. 城市精神的内涵、时代价值及其弘扬和培育 [J]. 北京教育 (德育), 2012 (5).

[106] 王强. 论城市精神与提升城市竞争力 [J]. 沈阳建筑大学学报 (社会科学版), 2009 (7).

[107] 许艳红. 大寨精神及其时代价值探究 [J]. 山西农业大学学报, 2013 (12).

[108] 岳丛欣. 农业学大寨运动及其再评价 [J]. 党史文汇, 2012 (10).

[109] 本刊时政观察员. 区域精神亟待强化三大关键词 [J]. 领导决策信息, 2012 (1).

[110] 张民省. 论太行精神的历史地位 [J]. 理论探索, 2011 (4).

[111] 张民省. 太行精神: 抗战烽火铸就民族魂 [J]. 党史文汇, 2005 (10).

[112] 段治文, 王学川, 钟学敏. 从浙江精神到浙江人共同价值观 [J]. 观察与思考, 2013 (1).

[113] 陈立旭. 区域精神与文化传统的关系再审视 [J]. 浙江社会科学, 2006 (1).

[114] 赵剑云, 毕雁. 弘扬 "右玉精神" 践行社会主义核心价值体系 [J]. 山西社会主义学院学报, 2011 (3).

[115] 中共山西省委党校理论研究中心. 论 "右玉精神" 的内涵与价值 [J]. 前进, 2009 (7).

[116] 陈立旭. 区域精神与文化传统的关系再审视 [J]. 浙江社会科学, 2006 (1) .

[117] 刘海琴. 正确认识和全面把握"三个核心价值观"的科学内涵及现实意义 [J]. 中共太原市委党校学报, 2012 (3) .

[118] 刘延宏, 刘云华. 试论沂蒙精神对临沂区域经济发展的影响 [J]. 临沂师范学院学报, 2009 (1) .

[119] 孙照红. "城市精神"热现象的透视与反思 [J]. 北京社会科学, 2013 (3) .

[120] 蒋文莉、马兆明. 社会主义核心价值观建构的方法论 [J]. 东岳论丛, 2013 (10) .

[121] 顾钰民. 深化社会主义核心价值观研究的几个问题 [J]. 中国特色社会主义研究, 2013 (4) .

[122] 薛志清, 陈康. 区域人文精神培育与社会主义核心价值体系建设 [J]. 江苏理工学院学报, 2014 (3) .

[123] 陆俊, 郭建民. 践行区域精神培育社会主义核心价值观 [J]. 人民论坛, 2014 (8) .

[124] 陆俊, 郭建民. 区域精神研究述评 [J]. 理论探索, 2014 (2) .

[125] 郭建民, 冀天. 微博时代: 我国网络政治参与的整合机制探析 [J]. 山西师大学报, 2013 (6) .

[126] Nobuhide Sawamura. Local Spirit, Global Knowledge: a Japanese approach to knowledge development in international cooperation [J]. Compare: A Journal of Comparative and International Education, 2002, Vol. 32 (3) .

[127] Judith J. Friedman. Book review: The Spirit of Cities: Why the Identity of a City Matters in a Global Age Princeton [J]. Cultural Sociology, 2013, Vol. 7 (3) .

[128] Mary AnnStenger. Spirit in the Cities: Searching For Soul in the Urban Landscapes – Edited by Kathryn Tanner [J]. Religious Studies Review, 2006, Vol. 32 (1) .

[129] Seong – Kyu Ha. Seong – Kyu Ha Professor, Department of Urban Planning and Real Estate Chung – Ang University, South Korea [C]. 北京论坛 (2012) . 文明的和谐与共同繁荣——新格局·新挑战·新思维·新机遇: "世界城市精神传承 –

经验与创新"城市分论坛论文及摘要集, 2012.

[130] 中国共产党第十八届中央委员会第三次全体会议公报 [N]. 人民日报, 2013 - 11 - 13.

[131] 张瑞才, 董建伟. 从地域精神看不同地区的价值追求 [N]. 光明日报, 2013 - 11 - 12.

[132] 孙熙国. 培育和践行社会主义核心价值观的基本途径 [N]. 北京日报, 2014 - 1 - 4.

[133] 雷清明. 不必都搞"城市精神" [N]. 山西经济日报, 2013 - 4 - 25.

[134] 习近平. 与时俱进的浙江精神 [N]. 浙江日报, 2006 - 2 - 5.

[135] 赵绍敏. 地域精神的本质、特征和塑造 [N]. 云南日报, 2012 - 6 - 18.

[136] 尹天五. 站在全局战略高度弘扬践行山西精神 [N]. 山西日报, 2013 - 2 - 26.

[137] 武小惠. 经济学视野下的山西精神 [N]. 山西日报, 2013 - 7 - 9.

[138] 阎俊仙. 历史学视野下的山西精神 [N]. 山西日报, 2013 - 9 - 24.

[139] 何勇. "城市精神"同质化　折射"城市精神"匮乏 [N]. 四川日报, 2012 - 2 - 9.

[140] 黄宝锋, 王卢莎. 让"正能量"凝聚成城市精神 [N]. 辽宁日报, 2013 - 5 - 9.

[141] 陈国灿. 从南北文化互动看江南地域精神 [N]. 中国社会科学报, 2011 - 9 - 13.

[142] 陈钦柳. "城市精神"五大特征 [N]. 北京日报, 2011 - 9 - 26.

[143] 熊月之. 地域意识、乡贤纪念与城市精神 [N]. 联合时报, 2013 - 7 - 2.

[144] 行龙. 太行精神永存 [N]. 山西日报, 2005 - 4 - 14.

[145] 王秀娟. 追问山西风骨之所在——"山西精神"表述语诞生记 [N]. 山西日报, 2013 - 1 - 21.

[146] 池慧灵. 提炼城市精神必须区别"三个关系" [N]. 宜兴日报, 2010 - 11 - 3.

［147］杨剑锋. 提炼城市精神的三个视角［N］. 宜兴日报，2010 – 11 – 11.

［148］陆凤金. 提炼宜兴城市精神需四个元素［N］. 宜兴日报，2010 – 11 – 15.

［149］王秀娟. 政治学视野下的山西精神［N］. 山西日报，2013 – 6 – 25.

［150］朱慧. 文化学视野下的山西精神［N］. 山西日报，2013 – 7 – 30.

［151］陈延斌，牛绍娜. 欧美社会核心价值观传播的主要路径［N］. 湖北日报，2014 – 4 – 8.

［152］中国共产党第十七届中央委员会第六次全体会议公报［N］. 人民日报，2011 – 10 – 19.

三、部分参考网站网页

中国共产党新闻网：cpc. people. com. cn

学习时报：www. studytimes. com. cn

新华网：www. xhwcn. com

人民网：www. people. com. cn

中青在线：www. cyol. com

人民论坛网：www. rmlt. com. cn

山西新闻网：www. sxrb. com

黄河新闻网：www. sxgov. cn

山西日报：http：//epaper. sxrb. com

新浪网：http：//news. sina. com. cn

新浪新闻网：http：//news. sina. com. cn

重庆城市精神大讨论：www. clubzt. cqnews. net/zt/cqcsjj

安徽精神大讨论：http：//ah. anhuinews. com/system/2012/04/24/004919093. shtml.

张佳俊. 精神互动与主流意识形态重构——中国模式视野中的“区域精神运动”. 中国改革论坛，http：//www. chinareform. org. cn/society/manage/Report/201211/t20121118_ 155171. htm.

陆邵明. 城市精神，提升城市魅力. 人民网，http：//world. people. com. cn/GB/57507/15096068. html.

附　录

附录一

全国省市区、省会城市及副省级城市区域精神表述语一览表

1 北京	爱国、创新、包容、厚德	34 四川	征集中
2 上海	公正、包容、诚信、责任	35 成都	和谐包容、智慧诚信、务实创新
3 天津	爱国诚信、务实创新、开放包容	36 河北	坚韧质朴、重信尚义、宽厚包容、求实创新
4 重庆	登高涉远、负重自强	37 石家庄	征集中
5 浙江	自强不息、坚韧不拔、勇于创新、讲求实效（2000）求真务实、诚信和谐、开放图强（2005）	38 贵州	不怕困难、艰苦奋斗、攻坚克难、永不退缩
6 杭州	精致　和谐　大气　开放	39 贵阳	知行合一　协力争先
7 宁波	诚信、务实、开放、创新	40 山西	信义、坚韧、创新、图强
8 安徽	讨论中	41 太原	兼容　和谐　诚信　卓越　包容、尚德、崇法、诚信、卓越（核心价值观）
9 合肥	开明开放、求是创新	42 云南	高原情怀　大山精神
10 福建	爱国爱乡、海纳百川、乐善好施、敢拼会赢	43 昆明	春融万物、和谐发展、敢为人先、追求卓越

11 福州	海纳百川，有容乃大	44 辽宁	天地辽宁、爱国奉献、诚信务实、创新争先
12 厦门		45 沈阳	团结、实干、求知、创新
13 江西		46 大连	创造、创业、创世
14 南昌	大气开放　诚信图强	47 陕西	爱国守信、勤劳质朴、宽厚包容、尚德重礼、务实进取
15 河南		48 西安	征集中
16 郑州	博大、开放、创新、和谐	49 吉林	同舟共济，激流勇进
17 内蒙古	活力、人文、和谐	50 长春	宽容大气，自强不息
18 呼和浩特市	征集中	51 甘肃	人一之、我十之，人十之、我百之
19 湖北	征集中	52 兰州	河汇百流，九曲不回，创新创业，和谐共进
20 武汉	敢为人先，追求卓越（2011） 勇立潮头，敢为人先，崇尚文明，兼收并蓄（2003）	53 黑龙江	征集中
21 新疆	爱国爱疆、团结奉献、勤劳互助、开放进取	54 哈尔滨	开放包容、时尚活力、诚信敬业、和谐奋进
22 乌鲁木齐市	爱国奉献、开放和谐、创新奋进、文明首善	55 青海	自信开放创新的青海意识，"人一之，我十之"的实干精神，"大爱同心、坚韧不拔、挑战极限、感恩奋进"的玉树抗震救灾精神
23 湖南	忠诚、担当、求是、图强	56 西宁	包容诚信、务实创新
24 长沙	心忧天下　敢为人先	57 江苏	创业、创新、创优，争先、领先、率先
25 宁夏	征集中	58 南京	开明开放、诚朴诚信、博爱博雅、创业创新

续表

26 银川	贺兰岿然，长河不息	59 山东	改革创新、开放包容、忠诚守信、务实拼搏、敢为人先
27 广东	厚于德　诚于信　敏于行	60 济南	诚信、创新、和谐
28 广州	敢为人先　奋发向上团结友爱　自强不息	61 青岛	诚信，卓越，和谐，博大
29 深圳	开拓创新、诚信守法、务实高效、团结奉献	62 广西	团结和谐、爱国奉献、开放包容、创新争先
30 西藏	特别能吃苦、特别能战斗、特别能忍耐、特别能团结、特别能奉献（老西藏精神）	63 南宁	能帮就帮、敢做善成
31 拉萨		64 澳门	博采众长
32 海南	征集中	65 香港	刻苦耐劳、勤奋拼搏、开拓进取、灵活应变、自强不息（民间）
33 海口	文明、豁达、坚韧、求实、争先	66 台湾	
		67 台北	

　　注：在总计67个区域中，已有55个明确提出区域精神，6个正在征集或讨论中，6个没有提出。其中，文字最长的是青海（自信开放创新的青海意识，"人一之，我十之"的实干精神，"大爱同心、坚韧不拔、挑战极限、感恩奋进"的玉树抗震救灾精神），最短的是济南（诚信、创新、和谐）；出现频率最高的词语是和谐，共21次，接下来依次是诚信（15次）、开放（14次）、创新（14次）、包容（11次），出现5次以上的词语还有务实、爱国、团结、卓越等。

附录二

山西省及 11 个设区的市区域精神表述语一览表

山西精神	信义　坚韧　创新　图强		
太原精神	包容　尚德　崇法　诚信　卓越	大同精神	暂无
朔州精神	豪爽大气　海纳百川　百折不挠　奋力赶超	忻州精神	征集中
晋中精神	明礼诚信　开放包容　艰苦奋斗　唯实唯先	阳泉精神	山连四海　城藏大气　勤学崇文　急公好义
吕梁精神	艰苦奋斗　顾全大局　自强不息　勇于创新	长治精神	平和睿智　包容大度　勤奋敬业　长治久安
晋城精神	崇实守信　开放包容　争先创新	临汾精神	敢为人先　坚忍不拔　开放包容　勤劳智慧
运城精神	征集中		

说明：12 个区域中已有 9 个明确提出区域精神，2 个正在征集中，1 个没有。其中出现频率最高的词语依次是：包容（5 次）、开放（3 次）、创新（3 次）。

后　记

　　本书是在我博士论文的基础上，根据时代的发展和形势的变化修改而成的。区域精神塑造是区域竞争从硬实力转向软实力的显著标志，表明了现阶段对于社会主义精神文明建设规律认识的进一步深化。区域精神塑造为践行社会主义核心价值观提供了一种非常重要并且贴合实际的实践形式。培育和践行社会主义核心价值观是坚持和发展中国特色社会主义的内在要求，是凝聚社会共识、实现团结和谐的根本途径，是树立国家良好形象、提升国家文化软实力的迫切需要。当前提高区域精神塑造的科学性，最根本的问题就是要回答，如何使区域精神塑造与社会主义核心价值观培育实现内在一致，真正使区域精神塑造成为社会主义核心价值观在各地的鲜活实践。这就必须适应区域精神塑造从离散、自发走向整合、自觉的实践发展，回答区域精神塑造的根本问题。对于区域精神塑造理论问题进行研究、进行创新，构建科学的区域精神塑造模式，是一个紧迫而现实的问题。但是目前学界国内外对区域精神塑造的研究应该说还不是特别成熟，科学全面系统的研究成果也不是很丰富，进一步深入研究的空间还比较大，还有许多亟待回答和解决的问题。本书就是基于实证分析基础上，对这些问题做出回答的积极尝试。

194

之所以敢于做出这一尝试，与我在北京科技大学思想政治教育专业攻读博士学位紧密相关。对我而言，能够进入北京科技大学师从陆俊老师学习，是人生最大的幸事。在这个全国知名的马克主义研究重镇，师从各位学界大家，使我步入了学术的殿堂，感悟到了理论的博大精深。年近不惑再入校园，学业、工作、家事负担的确沉重，奔波与忙碌成为一种常态和习惯。能够完成论文写作，离不开老师们的谆谆教诲、同学们的热情帮助以及家人的巨大支持，这一切我将铭记心间，感恩永存！

感谢我的导师陆俊教授。蒙导师不弃，将我收入门下。导师以渊博的学识和独到的学术见解引导我在学习研究中不断探索，而导师的信任和宽容更使我不敢有丝毫的懈怠。导师高尚的人格、渊博的学识、严谨的治学态度都令我受益良多，每次聆听先生的教诲都使我如沐春风，颇受启迪。几年来导师对我在学术研究上的指导教诲，在生活上的关心帮助，都使我受益匪浅。本书从选题、拟定提纲、反复修改，直到最后完成定稿，始终都是在导师的悉心指导下进行的，倾注了他大量的心血。对导师的感激之情无以言表！同时也要感谢北京科技大学彭庆红教授、李晓光教授、左鹏教授、时立荣教授和王民忠教授，在论文写作过程中，他们对论文的选题、写作和定稿，都提出了很多宝贵的意见和建议，给予了具体的指导，他们高尚的人格魅力和深厚的学识魅力使我受益终生。

感谢我的工作单位山西省人民政府办公厅对我博士学习的支持，正是各位领导和同事的帮助，使我免去了许多后顾之忧。感谢在山西省委党校三个半月脱产学习期间各位老师的辛勤培育，让我的理论素养得到很大程度的提高。感谢在北京科技大学一起求学的各位师兄弟姐妹们，他们在学习和生活中给我诸多关照，与他们相处的日子永远都是最美好的回忆，结下的也都是最深厚的友谊。

最后还要感谢家人对我的关爱和支持。父母的叮嘱，使我的心中永远充满温暖，爱人的支持与付出，使我获得了前行的动力，可爱的女儿也在不觉中长成亭亭玉立的美少女了，每次远行，她都会给我最美好的祝福。女儿的成长是我最大的欣慰，也使我更加感觉到沉甸甸的责任。

其实，对我而言，最深刻的体会还是，考博士难，读博士难，博士毕业那真可算是难上加难。多少次的彻夜未眠，是何等的肝肠寸断，多少次的满眶泪眼，模糊了我的清晰视线，当亲眼看到自己头顶博士帽上漂亮的红色流苏轻轻划过，多少的辛酸和苦难，都被这一刻成功的喜悦冲散冲淡……

本书的出版算是对我博士阶段学习的一个总结。下一阶段的实际工作也许和学术研究不直接相关，但是任何时候我们都需要学习和思考。人们常说，身体和心灵，总要有一个在路上。但愿自己思想的脚步永不停留。通过阅读与思考营造一个美丽的精神家园，在纷扰的世界中保持安静与从容，是我今后矢志不渝的坚定选择。

郭建民

2016 年 9 月于北京